Pour l'amour du CH

Daniel Poulin

Pour l'amour du CH

e² Éditions au Carré

Les Éditions au Carré inc.
Téléphone : 514-949-7368
editeur@editionsaucarre.com
www.editionsaucarre.com

Illustration de la couverture : Ilaria Bozzini
Conception de la couverture : Quand le chat est parti... inc.
Mise en pages : Édiscript enr.

Les Éditions au Carré désirent remercier tout spécialement la Société de développement des entreprises culturelles (SODEC) et le Fonds du livre du Canada (FLC) pour leur appui.

Dépôt légal : 4e trimestre 2013
Bibliothèque et Archives Canada
Bibliothèque et Archives nationales du Québec
ISBN 978-2-923335-40-7

DISTRIBUTION
Prologue inc.
1650, boul. Lionel-Bertrand
Boisbriand (Québec) Canada J7H 1N7
Téléphone : 1 800 363-2864
Télécopieur : 1 800 361-8088
prologue@prologue.ca
www.prologue.ca

Au Doc Leopold Mathieu,
dentiste émérite,
archétype du véritable partisan du CH ;
à 90 ans, encore et toujours,
il vit au rythme du Canadien de son enfance.

Table des matières

Remerciements

Nombreux sont ceux qui ont contribué à la concrétisation de ce projet. Un premier merci va à Réjean Houle et Donald Beauchamp qui m'ont ouvert bien des portes au Centre Bell. Merci également aux amis Jacques Duval, Pierre Laporte et Julien Dion pour leur disponibilité de tous les instants. Deux noms méritent d'être soulignés particulièrement : Jean-Michel Nahas, mon ancien collaborateur lors du précédent livre chez le même éditeur, grâce auquel j'ai pu faire la connaissance de Philippe Meilleur, le *ghost writer* — que la langue française préfère appeler nègre —, sans lequel *Pour l'amour du CH* n'aurait pu voir le jour.

Préface

Lorsque Daniel Poulin m'a donné un coup de fil pour sonder mon intérêt à rédiger la préface de ce livre, je me suis demandé ce qu'il avait de nouveau à raconter sur la glorieuse histoire du Canadien, qui a été exploitée sous toutes ses coutures au fil des ans.

Pourquoi Poulin faisait-il appel à moi, malgré la réputation qui ne fait pas de moi un naturel pour un tel sujet ? Dans la vie d'aujourd'hui, tout est une question de perception et quelquefois la perception est bien loin de la réalité.

Je suis un passionné de l'histoire du Canadien, l'équipe qui m'a fait rêver comme tous les jeunes Québécois de ma génération. Issu d'une famille ouvrière de neuf enfants, j'ai été privilégié de compter sur un parrain et une marraine plus fortunés qui m'offraient à chacun de mes anniversaires, précédant Noël de quelques jours, un chandail, des bas et une tuque du Canadien que j'usais jusqu'à la corde sur la patinoire familiale ou sur celle de l'OTJ (organisation des terrains de jeux). Je ne ratais jamais le hockey du samedi soir ; je m'endormais dans mon lit, mon petit transistor collé aux oreilles en me laissant bercer par les voix de René Lecavalier, Jean-Maurice Bailly, Lionel Duval et Gilles Tremblay pour tous les autres matchs qui n'étaient pas présentés au petit écran.

Mon univers a été bousculé par l'arrivée des Nordiques dans ma ville natale. Nous pouvions applaudir une équipe de la Ligue nationale dans mon patelin et mes rêves les plus fous se réalisaient : c'était à mon tour de faire rêver les jeunes hockeyeurs amoureux des Nordiques en leur décrivant les prouesses des frères Stastny, de Dale Hunter, de Michel Goulet et des aventures de Michel Bergeron derrière le banc. J'ai participé à cette grande aventure de la Ligue nationale à Québec, regardée de haut par les roitelets montréalais de l'époque. On n'acceptait pas de partager la tarte du hockey professionnel et nous nous sommes battus pour faire notre place au soleil, pas toujours de la façon la plus élégante, mais avec les moyens dont nous disposions. Personne d'entre nous qui étions au front ne détestait le Canadien, mais ce sont ceux qui bénéficiaient des largesses de l'organisation, tout en nous faisant des leçons de morale, qui contribuaient à augmenter nos sentiments anti-Bleu, Blanc, Rouge.

Le temps arrange les choses... les Nordiques ont quitté le Québec pour le Colorado et les Canadiens ont repris la place qu'ils occupaient. Il y a toujours cette braise tricolore qui couve dans le cœur de n'importe quel amateur de hockey québécois, peu importe ses allégeances avouées ! Les sentiments de haine et d'amour sont très près l'un de l'autre. C'est ce qui m'a attiré dans l'approche de Daniel Poulin. On découvre ou on redécouvre, selon le cas, ce à quoi carburent les partisans du Canadien : LA PASSION. On aime, on déteste, on rit, on pleure, on applaudit, on vocifère, on les maudit en se promettant de ne plus appuyer cette grande équipe qui n'est plus capable de répondre aux attentes des exploits d'un temps révolu, mais on revient toujours à ses racines.

Qu'on le veuille ou non, le Canadien fait partie de nos vies. C'est à travers les témoignages recueillis par Daniel Poulin qu'on voit que le CH est ancré au fond de nous grâce à la contribution de ceux qui ont façonné l'histoire des Glorieux.

Des heures de pur bonheur vous attendent. J'espère qu'on me pardonnera ce plaisir défendu, car, je vous le répète, la perception est bien loin de la réalité.

Michel Villeneuve,
animateur des Amateurs de sport, *98,5 FM*
ancien descripteur des matchs des Nordiques

Avant-propos

Quand mon éditeur m'a approché pour envisager l'écriture d'un livre sur la controverse entourant l'embauche d'un unilingue anglophone en remplacement de Jacques Martin comme instructeur-chef du Canadien de Montréal, j'ai d'abord hésité, pensant que tout avait été dit sur cet épisode peu reluisant de l'histoire récente de la plus glorieuse équipe de hockey de la Ligue nationale. Après mûre réflexion, je lui ai plutôt proposé de garder en toile de fond ce triste événement pour davantage mettre l'accent sur l'attachement indéfectible qui caractérise tous ceux qui sont reliés, de près ou de loin, à ce qui est plus qu'un simple club de sport professionnel. Longtemps je me suis interrogé sur ce qui m'a souvent semblé comme une obsession presque maladive : l'intérêt voué aux péripéties entourant le CH, tant de la part des *admirateurs* irréductibles que de celle de mes collègues de la communauté journalistique montréalaise.

J'avais observé pendant une vingtaine d'années à Toronto le comportement des partisans de l'autre équipe canadienne qui jouit de la faveur populaire du ROC (*Rest of Canada*) durant la sombre période *ballardienne*, les Maple Leafs croupissant la plupart du temps dans les bas-fonds du classement de la ligue, conséquence directement reliée aux décisions abruties d'un mégalomane incorrigible, Harold Ballard, dont les Leafs n'arrivent pas encore aujourd'hui à s'extirper. Mais l'attitude des amateurs de Toronto face à leur équipe de hockey professionnelle ne ressemble en rien à celle de ceux de Montréal à l'endroit de leur club adoré. Il y a quelque chose d'unique, de spécial, de profondément ancré dans les gênes des partisans du CH qui colore l'opinion de tout un chacun sur la relation liant les Québécois de tout âge et de toutes origines au Canadien.

À mon grand étonnement et pour mon plus grand plaisir, tous les intervenants approchés pour parler de leur vécu au sein du CH ont accepté mon invitation. Non seulement ont-ils répondu à mes questions sans réserve, mais également l'ont-ils fait avec spontanéité, voire candeur dans certains cas, aucun sujet n'étant tabou. On m'avait mis en garde : l'entourage du CH constitue un cercle fermé, difficilement accessible et fonctionnant en vase clos. Nenni ! Du président Geoff Molson et son éminence grise Serge Savard jusqu'au telle-ment sympathique Francis Bouillon, en passant par les héros légendaires Jean Béliveau et Guy Lafleur, de même que les très colorés Jean Perron et Jacques Demers, sans oublier les deux premiers vrais présidents de l'équipe, messieurs Corey et Boivin, tous, sans exception aucune, y inclus le nouveau directeur-gérant Marc Bergevin, font mentir la rumeur qui voudrait que l'on ne projette qu'une image embellie de la situation aux étages supérieurs du centre Bell. À n'en pas douter, un vent de fraîcheur et de renouveau souffle chez le CH depuis le départ de Bob Gainey et de Pierre Gauthier. Ce nouveau climat signifie-t-il que l'équipe va renouer avec la victoire bientôt ? Il est permis de rêver…

Chapitre 1

La renaissance d'une dynastie

Début de l'hiver 2011, Montréal. Le Canadien connaît l'une des pires saisons de sa riche histoire et croupit au fin fond du classement général, déjà sans espoir de participer aux séries éliminatoires. C'est la débandade : le club ne gagne pas et se dirige tout droit vers le 15e rang de l'Association Est, une véritable disgrâce pour ce qui a jadis été une dynastie.

Pourtant, l'état-major du Canadien a tout tenté pour renverser la vapeur. Les entraînements punitifs se sont succédé, en vain. Les trios ont été remaniés, de jeunes loups ont été rappelés de Hamilton, on a laissé partir les vétérans défenseurs Hal Gill et Jaroslav Spacek. On a aussi échangé un joueur vedette, Mike Cammalleri, entre les 2e et 3e périodes d'un match, du jamais vu.

Rien n'y fait. Le club qui a déjà remporté 24 coupes Stanley s'enfonce dans la médiocrité.

Par un soir de décembre, le directeur général, Pierre Gauthier, décide de jouer le tout pour le tout : il congédie l'entraîneur Jacques Martin et le remplace par Randy Cunneyworth, un honnête homme qui n'a toutefois jamais tenu les rênes d'un club de la Ligue nationale... et qui ne parle pas un traître mot français. « Une langue, ça s'apprend », dira laconiquement Pierre Gauthier, essayant de minimiser l'impact de sa décision, mais du même coup dénotant son insensibilité face à une situation dont il ne saisissait pas l'ampleur.

Pour les partisans de la Sainte-Flanelle, l'unilinguisme du nouveau coach est la goutte qui fait déborder le vase. L'indignation éclate dès la conférence de presse annonçant l'embauche de Cunneyworth. Les journalistes et chroniqueurs crient à la haute trahison, les amateurs envahissent les lignes ouvertes pour dénoncer avec vigueur cette décision absurde, les anciens joueurs — Serge Savard en tête — font des sorties dans les médias pour souligner la gaffe monumentale que vient de commettre le Canadien.

L'équipe atteint simultanément les bas-fonds du classement et de l'opinion publique.

Dans son bureau du 7e étage du Centre Bell, le propriétaire Geoff Molson, qui est président du club depuis moins de trois ans, prend alors une grande décision, une décision fondamentale. « Tout doit changer », déclare-t-il à ses plus proches conseillers.

Qu'on se le tienne pour dit : les Molson ne permettront pas que le Tricolore devienne la risée de Montréal.

***

Parce qu'elle est établie à Montréal depuis plus de 225 ans, la famille Molson est intrinsèquement liée au développement de la ville et, cela va de soi, à l'évolution de son club de hockey. Avec ses frères Andrew et Justin, Geoff est l'un des représentants de la septième génération à faire des affaires dans la ville.

Très jeune, Geoff est mis en contact avec les joueurs des Canadiens, lui dont l'entreprise familiale — la Brasserie Molson — est propriétaire du club. Alors qu'il n'est qu'un petit garçon, il fréquente le vestiaire du club au Forum de Montréal.

« J'étais très gêné, très impressionné, se souvient-il aujourd'hui. La première fois, ça m'a fait peur d'entrer dans le vestiaire. C'était tellement important, tellement impressionnant... »

Devenu adolescent, Geoff Molson n'a qu'une vague idée du rôle qui l'attend auprès du Canadien une fois adulte. Il se concentre d'abord sur la brasserie familiale. Il y travaille un certain temps, tout en ayant un œil sur un éventuel poste au sein du club. « Je voulais faire mon propre chemin au sein de la brasserie, tout en gardant en tête qu'un jour je voulais me retrouver dans le poste que j'occupe aujourd'hui, dit-il. Une partie de moi a toujours pensé à ça. »

C'est donc avec un très grand intérêt que Geoff apprend en 2009 que l'Américain George Gillett, qui avait acheté le club en 2001, veut maintenant s'en départir. Saisissant l'occasion et appuyé par de nombreux partenaires, le jeune homme d'affaires se porte acquéreur du club qui a si longtemps été lié à sa famille pour une somme évaluée à beaucoup plus que 500 millions $. À l'été 2011, il remplace Pierre Boivin en tant que président et prend définitivement les commandes du plus prestigieux club sportif québécois.

Le jeune président ne le sait pas encore, mais la période qui s'amorce sera la plus turbulente en plusieurs décennies.

La saison 2011-2012 débute en effet sur de bien mauvais augures. En l'absence de son défenseur étoile Andrei Markov, toujours incommodé par une blessure au genou droit, le club perd sept de ses huit premiers matchs. La séquence noire se prolonge tout l'automne et, quelques semaines avant les Fêtes, le dernier rang donnant accès aux séries éliminatoires n'est plus qu'un lointain mirage pour le Bleu Blanc Rouge.

C'est à ce moment que surviennent les gestes de panique de l'état-major de l'équipe. Les attentes étaient énormes, reconnaît Geoff Molson. « C'était pourtant la même équipe qui avait bien joué l'année d'avant, et l'année avant ça. Nous étions prêts pour une bonne saison, et quand ça ne s'est pas produit, tout le monde est devenu très émotif. »

Le congédiement de Jacques Martin et l'embauche de Randy Cunneyworth pour le remplacer sont survenus dans ce contexte surchauffé où tout le monde, Geoff Molson en premier, était sous le coup d'une émotion causée par les contre-performances à répétition du club sur la glace.

Le propriétaire ne s'en cache pas : le fait que Cunneyworth ne parlait pas français est vite devenu une crise incontrôlable dont personne n'avait prévu l'ampleur. « À l'époque, dit-il, la première décision était d'essayer de renverser la vapeur, de retrouver le chemin de la victoire. Par contre, il n'y avait pas de remplaçant disponible à long terme. La deuxième décision était donc de remplacer le coach par quelqu'un qui avait le potentiel de mieux performer. Je pense encore aujourd'hui que Randy Cunneyworth a le potentiel nécessaire pour ramener une équipe à la victoire. Mais dans l'émotion du moment, il n'y est pas arrivé, et l'équipe a performé encore moins bien par la suite. C'est là que la situation est devenue incontrôlable. »

Geoff Molson insiste : Cunneyworth a fait ce qu'il a pu dans les circonstances. « Pauvre lui… soupire-t-il. Il était vraiment dans une position très difficile. »

Quand on lui demande s'il reprendrait la même décision aujourd'hui en sachant le tollé spectaculaire que cette embauche a provoqué, le propriétaire du CH s'arrête un instant pour réfléchir. « C'est difficile à savoir, lâche-t-il enfin. Si on était dans une situation similaire, avec une décision importante à prendre dans un contexte où tout le monde est émotif, je n'ajouterais pas de l'huile sur le feu. Et le fait que M. Cunneyworth ne parlait pas français était de l'huile sur le feu. Est-ce que je prendrais la même décision ? Je ne sais pas. Mais je passerais beaucoup plus de temps à réfléchir à cet aspect si une telle situation se reproduisait. Pendant ce processus, j'ai beaucoup appris. J'ai une nouvelle appréciation de l'émotion qui vient avec l'importance de cette équipe. Elle représente quelque chose de très spécial ici. »

Ébranlé par la réaction extrêmement négative des partisans et des médias — même le traditionnel *Bye Bye* a fait allusion à la controverse… — Geoff Molson tire un trait sur la saison quelques mois plus tard quand il devient évident que le club ne se relèvera pas de sa séquence noire. Alors qu'il ne reste que quelques matchs à la saison, il annonce que le DG Pierre Gauthier est relevé de ses fonctions et il entame une profonde réflexion sur la suite des choses. Cette fois, pas question d'agir sur le coup de l'émotion. Avant de faire quoi que ce soit, le président décide d'appeler en renfort l'un des plus légendaires représentants de la Sainte-Flanelle : l'ancien directeur-gérant Serge Savard.

***

Originaire de l'Abitibi, c'est au sein de l'organisation du Canadien que Serge Savard a grandi. Il n'existe pas de repêchage universel à l'époque : chacune des six équipes de la LNH a des droits « territoriaux » qui lui permettent de choisir ses jeunes talents. « Tous les jeunes voulaient jouer pour le Canadien, se remémore Savard. Tu signais un contrat de 100 $ par année, et tu appartenais au club pour le restant de tes jours. »

C'est ce que fait le jeune homme alors qu'il est âgé de 15 ans. Savard est invité au camp d'entraînement du Canadien junior, le club-école, et signe son contrat. Après des séjours dans les équipes de l'Immaculée-Conception, un club de niveau junior B dont l'entraîneur était Denis Brodeur (le père de Martin, le gardien de but des Devils du New Jersey) puis de Notre-Dame-de-Grâce, le jeune Savard monte en grade et obtient un poste avec le Canadien junior. L'entraîneur Scotty Bowman tient alors les rênes de la formation.

Après avoir fait ses classes et participé à quelques entraînements avec le « grand » club, Savard commence à jouer régulièrement dans la LNH. Fait intéressant, le grand jeune homme est alors davantage reconnu comme un joueur de centre. « Mais quand je suis arrivé avec le CH, ils m'ont dit que j'étais trop gros pour jouer à l'attaque. Ils m'ont donc mis à la défense et ils m'utilisaient pour tuer les punitions. » Savard devient ainsi le 5ᵉ défenseur du club, à une époque où il n'y a que deux paires d'arrières et trois trios.

La première saison du défenseur avec le grand club se déroule de façon formidable, culminant avec deux buts en prolongation contre St. Louis en pleine finale de la coupe Stanley.

La carrière de joueur de Savard se poursuit jusqu'en 1983. Ses statistiques sont impressionnantes : 1040 parties jouées en saison régulière lors desquelles il inscrit 106 buts, 333 passes, 439 points et 592 minutes de pénalité. Après deux dernières saisons au sein des Jets, il annonce sa retraite. « J'ai été le dernier joueur actif, avec Wayne Cashman, à avoir joué à l'époque des six clubs », se rappelle-t-il, une pointe de fierté dans la voix.

Peu après sa retraite, le nouveau président du Canadien, Ronald Corey, le contacte pour lui offrir le poste de directeur général, laissé vacant par le départ d'Irving Grundman. « On s'est rencontré une première fois, puis une deuxième, se souvient Savard. Au terme de la rencontre, il s'est étiré la main et m'a dit : "Je t'offre la job." J'avais peur au début, je me demandais si j'étais capable de faire ce travail. J'en ai parlé à des amis qui étaient DG, Glen Sather par exemple, qui m'a dit que j'allais adorer ! J'y ai réfléchi une semaine, et j'ai dit oui. »

Commence alors une merveilleuse aventure qui durera douze ans. Sous son règne, le club remporte ses deux dernières coupes Stanley, en 1986 et en 1993, en plus d'atteindre la finale en 1989.

En 1995, toutefois, la carrière de DG de Savard prend fin abruptement.

Après seulement quatre matchs, le président Corey congédie Savard en même temps que l'entraîneur-chef, Jacques Demers. Cette décision est encore aujourd'hui dure à accepter pour celui qu'on surnomme le Sénateur. Il en parle avec une subtile pointe d'incompréhension dans la voix.

« Une semaine avant le début de la saison, j'ai dit à Ronald que j'étais à un joueur près de me rendre à la coupe Stanley. Pourquoi me congédier après quatre matchs quand il aurait pu le faire au printemps ? Cela a été dur à accepter et ce l'est toujours aujourd'hui. Après 33 ans au sein du club, tu dois vider ton bureau en 15 minutes. C'est *rough*. Je ne comprends toujours pas pourquoi c'est arrivé. »

Savard marque une pause. « J'avais pourtant de bonnes relations avec la famille Molson, reprend-il. J'ai cru, à tort, que ce genre de choses ne pouvait pas m'arriver. »

A-t-il reparlé à Ronald Corey de cet épisode trouble ? « On s'est rencontré à plusieurs reprises, mais jamais pour parler de ça, répond-il. Ça a toujours été civilisé, on se dit bonjour, on échange quelques mots, mais on ne parle pas de cette décision. Peut-être un jour… »

Nous reviendrons plus loin sur les motivations qui ont poussé Ronald Corey à prendre cette décision crève-cœur.

Avec cette fin abrupte, Savard quitte la grande famille du Canadien tandis que le club entame une descente aux enfers. Le nouveau directeur général, Réjean Houle, échange Mike Keane, Lyle Odelein (le « cœur physique » de l'équipe, selon la description de Savard) et Patrick Roy, puis ramène au bercail Stéphane Richer et Shayne Corson, qui avaient quitté Montréal « pour des raisons évidentes », dit Savard, sans s'étendre davantage.

Savard continue à fréquenter la famille du Canadien de façon sporadique, et son chandail est officiellement retiré lors d'une cérémonie au Centre Bell en 2006. Il participe aussi aux festivités entourant le centenaire de l'équipe, en 2009. L'ancien directeur est pressenti la même année pour acheter le club des mains de George Gillett, mais il se retire de la course lorsque la famille Molson arrive dans le portrait.

À la fin de la misérable saison 2011-2012 au terme de laquelle Pierre Gauthier est congédié, Serge Savard reçoit un coup de fil de Geoff Molson. Pour le Sénateur, c'est l'occasion de revenir au sein de sa famille.

Avant même de congédier Pierre Gauthier, Geoff Molson avait déjà décidé de demander conseil à Réjean Houle pour le guider dans les décisions liées au hockey. C'est lui, ironiquement, qui a proposé au propriétaire de rencontrer Serge Savard afin d'obtenir son aide dans la recherche d'un nouveau directeur général. « Réjean est comme un confident pour moi, dit Molson. Il connaît le monde du hockey, notre organisation, notre famille. J'ai souvent pris un café avec lui, et ça m'a beaucoup aidé. »

Au sujet de cette collaboration, Réjean Houle lui-même se fait plutôt discret. « J'ai toujours servi le Canadien, explique-t-il. Quand Geoff Molson m'a demandé conseil, j'ai essayé de jouer mon rôle et de servir l'organisation le mieux possible. Et cette fois, mon rôle était d'organiser une rencontre pour que Serge et Geoff se parlent et, surtout, apprennent à mieux se connaître. »

La première rencontre entre le propriétaire et Serge Savard se déroule d'ailleurs en présence de Réjean Houle. Après deux heures de discussions, l'affaire est conclue : l'ancien défenseur épaulera Molson dans la recherche d'un DG capable de rebâtir la dynastie tricolore. « Serge est un homme qui connait notre famille depuis 45 ans, qui connaissait très bien mon père, explique Molson. Il a tout fait, a connu des victoires, des saisons horribles, il connaît tout le monde et il est encore impliqué dans le hockey. C'était parfait. »

Aucun contrat n'est signé et aucun argent ne change de main : il s'agit d'une entente passée de bonne foi entre des partenaires éprouvant un grand respect l'un envers l'autre. « J'ai accepté de donner un coup de main », dira tout simplement Savard.

Quoi qu'il en soit, une chose est certaine : pour Molson, Serge Savard agira désormais comme une caution auprès du public. « Je l'admire », avoue candidement le propriétaire et président quand on lui demande d'expliquer la nature de leur association.

Cette embauche est vue par plusieurs comme un véritable coup de maître de la part du jeune propriétaire. Non seulement Molson peut compter sur l'avis éclairé de l'un des personnages les plus influents et respectés du monde du hockey — un avantage indéniable après la catastrophe de la saison dernière —, il a désormais un sceau de qualité à apposer sur le choix du prochain directeur général. Dans un monde médiatique où chaque décision, même mineure, est sujette à de féroces critiques, il s'agit d'un symbole puissant.

Tous les gens interrogés pour cet ouvrage l'avoueront sans détour, l'arrivée de Savard auprès de Geoff Molson est une idée de génie.

Le principal intéressé, quant à lui, reste calme et serein face à tout cela. À 66 ans, il considère comme un privilège ce nouveau rôle qui lui est dévolu. « Ça me plaît énormément de pouvoir donner un coup de main », dit-il.

Savard est surtout heureux de pouvoir continuer à œuvrer au sein du clan qui lui a permis de connaître une si belle et riche carrière. « Je suis venu au monde dans l'organisation du Canadien grâce aux Molson, rappelle-t-il. Jeune, je travaillais l'été sur les camions de bière de la compagnie. C'est une vraie famille. Geoff, Andrew et Justin, je les ai vus grandir, ces gars-là. Même qu'Andrew est resté bon ami avec un de mes fils, ils se voient encore assez souvent. »

Le respect dont jouit le Sénateur auprès du public est indéniable. Même constat chez les anciens joueurs, qui le considèrent comme un homme intègre, passionné et intelligent. Tous ceux qui ont eu affaire à lui soulignent son honnêteté et sa droiture.

À quoi attribuer cette excellente réputation ? Au-delà des coupes Stanley et de la carrière remarquable qu'il a menée, Savard croit que sa franchise l'a bien servi au fil des décennies. « Je crois que cette perception est due au fait que j'ai toujours dit ce que je pensais, affirme-t-il. Quand j'ai dit que c'était inacceptable de nommer un unilingue anglophone au poste d'entraîneur-chef, je savais que je froissais des amis, surtout chez les Molson. Mais pour moi, ce n'était pas une bonne décision, alors je l'ai dit, tout simplement. »

On peut aussi ajouter l'humilité à la liste de ses qualités, puisque l'homme a tendance à dévier les compliments dont il fait l'objet. Quand on lui fait remarquer que son choix en tant que conseiller spécial du président a fait l'unanimité, il se fait humble « Sans me lancer de fleurs, je pense que mon embauche a été bien reçue, affirme-t-il en toute simplicité. J'ai vu les sondages comme tout le monde et j'ai constaté qu'on m'attribuait une bonne popularité chez les amateurs. J'en suis bien heureux. »

Geoff Molson n'est pas peu fier de son coup. Sous le regard bienveillant de Serge Savard, la reconstruction du club de hockey des Canadiens de Montréal peut enfin prendre son envol.

***

Quand on entend Geoff Molson parler de sa fierté de posséder ce club et de diriger les destinées du Tricolore, on prend toute la mesure du poids qu'il a sur les épaules depuis ce jour où il a racheté l'équipe. Le président est pleinement conscient du rôle central joué par le club dans la vie des Montréalais et des Québécois, spécialement depuis le départ des Nordiques vers le Colorado. Les récents événements — la saison de misère, le congédiement de Jacques Martin, puis de Pierre Gauthier, le scandale de l'entraîneur unilingue, le retour de Serge Savard dans la famille tricolore et l'embauche de Marc Bergevin — semblent l'avoir fait beaucoup réfléchir sur cet aspect particulier du Canadien dans la société québécoise.

« La relation entre les partisans et le Canadien est unique, dit-il. J'ai vécu à Boston, New York, Toronto, Atlanta… et là-bas, il n'y a rien de semblable. Il se trouve beaucoup de partisans qui adorent leur équipe dans les autres villes, mais ici, il y a quelque chose de spécial. »

À quoi peut-on attribuer cette relation particulière ? Molson réfléchit un moment. « C'est une combinaison de plusieurs choses, mais c'est d'abord la victoire, répond-il. Aucune équipe n'a gagné autant que nous dans le sport, sauf les Yankees. Il y a aussi le fait que les grandes vedettes francophones de la Ligue nationale ont joué ici, les Béliveau, Richard, Roy, Lafleur, sans oublier les anglophones, Dryden, Robinson, Moore... Je pense que ce sentiment d'appartenance des partisans vient de là. »

Justement, plusieurs de ces partisans ont déploré ces dernières années la perte d'influence des francophones au sein du club. Les joueurs québécois se sont faits de plus en plus rares au fil des décennies, irritant plusieurs amateurs de longue date. La nomination de Cunneyworth a ainsi été reçue par plusieurs comme une insulte personnelle.

À cela, Geoff Molson répond qu'il est conscient de l'importance d'avoir le plus de joueurs et d'entraîneurs québécois possibles dans l'équipe, et que tout sera fait pour y arriver. Mais il rappelle du même souffle à quel point le sport a changé depuis la belle époque des six clubs. « Au temps de Jean Béliveau, il y avait six équipes et nous avions le droit de sélectionner les meilleurs Québécois disponibles, explique-t-il. Maintenant, la moyenne de francophones dans une équipe de la LNH est de deux ou trois. Nous sommes dans la moyenne actuellement. Mais c'est certain que ce serait bien d'en avoir plus. Je constate à quel point un gars comme Mario Tremblay, par exemple, est toujours aussi populaire à Montréal. On le voit tous les jours, je le vois tous les jours. C'est quelque chose de spécial. »

« C'est triste pour moi si des gens pensent que mon attachement n'est pas sincère, parce que ce l'est, ajoute Molson. J'adore ce que je fais, j'adore Montréal, le Québec, le Canada. Je suis très fier du fait que mes parents m'aient donné une éducation en français et en anglais. Ma passion est très sincère. »

Serge Savard confirme cette honnêteté. « Geoff et ses frères sont parfaitement bilingues, rappelle-t-il. Geoff vit au Québec, ses enfants vont à l'école française, sa femme est francophone… C'est une famille très impliquée et très intégrée dans la communauté. Leur attachement est sincère. »

Geoff Molson se dit d'ailleurs très fier de constater que son club a repris contact, depuis quelques mois, avec ses racines francophones. Les nombreuses embauches de Québécois faites par Bergevin permettront à terme, croit-il, d'augmenter le nombre de francophones sur la glace. « On est beaucoup plus branché maintenant qu'on l'était depuis plusieurs années, dit-il. Il ne faut pas penser qu'on va toujours choisir un francophone en première ronde. On ne sacrifie par la performance sportive pour la langue. Mais ce qu'il faut faire, c'est repêcher le plus possible des joueurs d'ici, car on les connaît mieux que les autres clubs. »

Geoff Molson est donc fin prêt à voir les résultats des efforts des derniers mois porter des fruits. Il se souvient avec une certaine nostalgie de ces rares moments privilégiés quand, encore petit garçon, il entrait dans le vestiaire des joueurs au Forum. « Les gens pensent que j'y étais toujours, et que j'y vais régulièrement encore aujourd'hui, mais en fait, ce sont des moments très rares et privilégiés. J'en suis très conscient. »

Sur sa volonté de gagner, il est intraitable : Molson a hâte de voir le club de sa famille reprendre le chemin de la victoire. Selon lui, après la tempête, l'heure de renouer avec les plus belles traditions est maintenant arrivée.

« Cette équipe est beaucoup plus qu'un club de hockey, termine-t-il. Que ce soit pour son impact sur la communauté, sur la province, sur les jeunes enfants… Les nouvelles personnes qui sont en place depuis quelques mois savent que nos petits gestes peuvent aller très, très loin. »

Chez le Canadien de Montréal, tout a bel et bien changé. Le début d'un temps nouveau ? On le pense. On le croit. On le dit.

La nouvelle direction du Canadien, Marc Bergevin, Geoff Molson et
Michel Therrien commentant la fin du lock-out.
Photo AP, Gene J. Puskar

Chapitre 2

D'un président à l'autre

Avant que Geoff Molson ne prenne la tête du Canadien, deux hommes ont été chargés de faire passer le club dans la modernité : Ronald Corey et Pierre Boivin. Ensemble, ils ont dirigé la Sainte-Flanelle pendant près de 30 ans, célébrant de nombreux succès, mais traversant souvent des épreuves hautement difficiles.

Les deux hommes ont eu des parcours forts différents, et les défis qu'ils ont dû affronter au cours de leur mandat respectif étaient aux antipodes.

Corey a carrément inventé la fonction de président telle qu'on la connaît aujourd'hui : c'est lui qui a été le tout premier à s'occuper exclusivement de la gestion du club au quotidien. Avant lui, quelqu'un était désigné chez Molson pour gérer les grands dossiers de l'équipe, mais ses responsabilités n'avaient rien à voir avec celle d'un premier dirigeant d'aujourd'hui.

Boivin, pour sa part, s'est retrouvé dans le siège du conducteur à un moment où les partisans n'étaient plus au rendez-vous. Des milliers de sièges restaient vides à chaque partie, et la nouvelle génération ne semblait pas souhaiter devenir partisane, peut-être parce qu'elle trouvait que le club s'était détaché de son identité franco-québécoise avec les années.

La vision du Canadien qu'ont eue ces deux hommes constitue ainsi une fascinante étude de la vie et de l'évolution à travers les époques d'un club de hockey professionnel. De la construction d'un nouvel amphithéâtre à la crise de 1995 en passant par la vente du club à un Américain, leur histoire en est une de persévérance, de passion, et, parfois, de regrets.

***

La première fois que Ronald Corey a été en contact avec le Canadien, c'était dans des circonstances plus dramatiques que joyeuses.

Il devait avoir douze ou treize ans. Son jeune frère, admirateur du CH comme tous les petits gars du Québec, était atteint d'un cancer du cerveau et ses jours étaient comptés. Quand le jeune Ronald a voulu faire quelque chose pour lui, il a pensé contacter Maurice Richard, le Rocket, en personne. Le jeune homme a donc demandé son numéro de téléphone au concierge de son école comme ce dernier était le cousin du numéro 9. Il a ensuite pris son courage à deux mains et a téléphoné au domicile du joueur étoile, à Cartierville. Après avoir écouté l'histoire du jeune Corey, Maurice Richard a fait une pause et lui a dit : « Le prochain but que je vais compter, ça va être en l'honneur de ton petit frère. » Le match suivant, le Rocket ne comptait pas un but ni même deux, mais bien trois buts ! « J'ai vu Maurice en personne des années plus tard et il se souvenait très bien de mon appel et des buts marqués par la suite », se rappelle aujourd'hui Ronald Corey.

Cette anecdote touchante montre bien à quel point le Canadien de Montréal était important au cœur de Corey même avant qu'il ne soit appelé à la présidence du club.

Cette offre est venue au début des années 1980. Corey connaissait déjà bien la famille Molson pour avoir travaillé avec elle à l'occasion de plusieurs événements promotionnels, notamment à la Traversée du Lac-Saint-Jean. Il bossait pour O'Keefe quand il a reçu la proposition du clan Molson de prendre les rênes du club comme président à temps plein. «J'ai été le premier à avoir ce rôle. Morgan McCammon, mon prédécesseur, travaillait pour Molson et il avait la responsabilité de veiller aux affaires touchant l'équipe. Mais il ne faisait pas ça à temps plein.»

Nous sommes alors en 1982. Rapidement, Corey entreprend d'amener l'équipe dans la modernité. «Je voulais redonner l'équipe aux partisans, explique-t-il. Je me mettais dans leur peau, et je me demandais ce que je souhaiterais pour mon équipe. La réponse a d'abord été de ramener les anciens joueurs dans le giron du club.»

Il faut en effet se rappeler qu'à l'époque, les joueurs retraités n'avaient à peu près aucun contact avec l'organisation. Après leur carrière, la plupart disparaissaient dans un anonymat relatif qui est parfois difficile à accepter. «Ils étaient carrément oubliés! s'indigne Ronald Corey. C'était important pour eux, tout comme pour les partisans, de sentir qu'ils faisaient toujours partie de l'équipe.»

C'est ainsi que Corey fonde l'Association des anciens joueurs, qui réunit alors des légendes telles Maurice Richard et Dickie Moore. De nombreux événements promotionnels sont organisés avec ces monstres sacrés qui se prêtent au jeu avec le plus grand plaisir. Une tournée provinciale est même mise en branle, une occasion en or pour le public de s'approcher en chair et en os des anciens membres de la dynastie tricolore. «Certains anciens sont devenus plus populaires qu'au moment de leur carrière, rigole Corey. Tout le monde est sorti gagnant de ce retour des anciens. J'ai eu la chance de pouvoir réunir ces gens-là, et ça a été une expérience incroyable.»

Au-delà de cette relation renouvelée entre le CH et ses légendes, un autre dossier a grandement préoccupé le président dès le premier jour de son mandat: l'avenir du mythique Forum de Montréal.

En effet, Corey se rend bien vite compte qu'il sera impossible d'assurer la survie financière du club à long terme sans un nouvel aréna. La montée des salaires rendait impossible la rentabilité du club dans l'amphithéâtre vieillissant. Il fallait s'adapter pour survivre, et cela passait par la construction d'un aréna flambant neuf avec des loges corporatives, des équipements à la fine pointe de la technologie et une configuration pour les spectacles d'envergure internationale. L'aventure a connu le succès que l'on sait. « Ce n'est pas pour rien que tous les autres clubs ou presque nous ont suivis par la suite », affirme Corey.

Vers la fin de son épopée à la tête de l'équipe, Corey mène aussi jusqu'au bout une idée qui circulait depuis un certain temps, soit celle de convaincre la LNH d'octroyer annuellement au meilleur buteur un trophée au nom de Maurice Richard. « C'est une de mes plus belles réalisations, dit Corey. C'est un trophée qui sera là pour toujours. Les gens en parlaient déjà avant mon arrivée, et je suis fier d'avoir pu mener le projet à terme. Il s'agissait de trouver une bonne façon d'y arriver, et en parlant avec Gary Bettman, on l'a fait. »

Bien sûr, on ne règne pas pendant près de 18 ans sur une équipe de hockey sans avoir à prendre des décisions controversées ou douloureuses. Deux dossiers refont inévitablement surface dans le cas de Ronald Corey : le congédiement de Serge Savard quatre matchs après le début de la saison en 1995, et l'échange fracassant de Patrick Roy à l'Avalanche du Colorado deux mois après une défaite cuisante de 11-1 contre Détroit.

Corey a toujours eu comme philosophie de ne pas regarder en arrière. « Comme président, parfois, tu as une décision à prendre et tu vis avec », tranche-t-il. Tout de même, presque 20 ans plus tard, l'homme a toujours un souvenir très clair des circonstances entourant ces deux crises. « Les gens impliqués savent pourquoi ces choses sont arrivées », dit-il avec une pointe de fermeté dans la voix.

L'ancien président ne semble pas du tout être d'accord avec Serge Savard quand ce dernier affirme ne pas savoir les raisons derrière son congédiement en 1995. Il ne veut pas s'étendre sur le sujet ; à plusieurs reprises, il reviendra à son leitmotiv et dira avoir pris les décisions qui s'imposaient. «J'ai fait un changement à ce moment, mais ce n'était pas une décision prise du jour au lendemain. Serge sait pourquoi c'est arrivé. J'en suis persuadé.»

La rumeur a longtemps couru que les deux hommes ne s'entendaient pas sur la manière de diriger l'équipe, Savard reprochant à Corey de trop se mêler des opérations hockey. Sans nier ni confirmer cette allégation, Corey préfère garder le silence. Il n'entrera pas dans les détails.

Même aura de mystère autour du dossier Patrick Roy. Corey a toujours refusé de confirmer publiquement ce que le gardien lui a dit à son retour derrière le banc du Canadien en ce fameux soir de décembre, et il n'a pas l'intention de déroger à cette habitude. « C'est certain qu'il était hautement irrité quand il est venu me voir derrière le banc, laisse-t-il simplement tomber. Mais je n'oublierai jamais ce qu'il a fait pour nous. C'est quelqu'un pour qui j'ai du respect. » Tout au plus l'ancien président admet-il que la situation était devenue ingérable et qu'un échange était inévitable. « L'erreur que j'ai faite ce soir-là, c'est d'aller à la partie, dit-il avec une pointe d'humour. J'aurais dû être malade ! »

Corey, comprend-on, n'avait pas vraiment le choix d'autoriser l'échange du gardien-vedette. «Dans ce cas-là, c'est la décision qu'il fallait prendre. Moi, j'ai supporté mes gars de hockey.»

Un dernier cas doit être abordé avec Ronald Corey, celui de la retraite anticipée du Démon blond, Guy Lafleur. «J'assume ma responsabilité», dit-il au sujet de cette sortie ratée sur laquelle nous reviendrons au prochain chapitre.

Quoi qu'il en soit, trois ans après cette étrange saison, le club semble frapper un mur. Au Centre Molson, les billets ne se vendent pas autant que prévu et des milliers de sièges restent vides dans les gradins soir après soir. Sur la glace, les résultats sont épouvantables : l'équipe conclut la campagne 98-99 avec une misérable récolte de 75 points. Ronald Corey quitte alors son poste et il est remplacé par Pierre Boivin.

**

Adolescent, Pierre Boivin rêvait comme tout bon Québécois de jouer pour le Canadien de Montréal. Mais son petit gabarit et son talent brut ne suffisaient pas à le faire progresser vers les ligues professionnelles. Le jeune homme a plutôt pris le chemin du monde des affaires et il a fait carrière chez Bauer, le fabricant d'équipement de hockey.

Quand, à l'approche du nouveau millénaire, un chasseur de têtes l'appelle pour lui proposer le poste de président du Canadien, Pierre Boivin refuse l'offre non pas une, mais bien deux fois. « Ce n'était pas du tout dans mes plans de carrière, explique-t-il. C'est un poste très public, très difficile, et ça m'inquiétait un peu, surtout que l'organisation était à un bas historique. »

À force de persévérance, le chasseur de têtes en question est parvenu à convaincre Pierre Boivin de passer une entrevue avec les Molson. Une chose a mené à l'autre, et Boivin a accepté de relever l'énorme défi qui s'offrait à lui.

Un nouveau cycle s'amorce alors. Les saisons de misère à répétition commencent à peser lourd dans le cœur des amateurs, qui ne se reconnaissent plus dans ce club composé en grande majorité d'Européens. Les jeunes partisans, en particulier, semblent plus désintéressés que jamais. « Il y avait toutes sortes de raisons pour décrocher du club, et l'organisation n'avait pas été capable d'aller chercher la nouvelle génération pour remplacer la mienne », illustre Boivin.

La situation est telle que la brasserie Molson annonce son intention de se départir de l'équipe au tournant des années 2000. Il s'agit d'un premier écueil à surmonter pour le nouveau président. Celui-ci doit gérer la pression quotidienne en plus de piloter la vente de cette prestigieuse franchise.

À l'origine, plusieurs consortiums d'acheteurs québécois se montrent disposés à prendre le relais des Molson. Or, la situation du dollar canadien, qui vogue autour de 65 sous par rapport à la devise américaine, refroidit leurs ardeurs. C'est finalement un Américain, George Gillett, qui met la main sur l'équipe pour un montant d'environ un quart de milliard de dollars.

Même s'il dit avoir beaucoup apprécié le flair et la personnalité de George Gillett, Boivin considère comme une forme d'échec ce passage du Canadien aux mains d'un Américain.

«Je n'ai pas réussi à convaincre les groupes québécois d'investir l'argent nécessaire», se désole-t-il aujourd'hui. La situation est encore plus navrante, poursuit Boivin, que les conditions finales de vente offertes à Gillett (la famille Molson a gardé une participation de 19,9 % dans l'équipe) auraient grandement plu à certains acheteurs québécois. En entrevue, on sent que Boivin est resté un tantinet amer devant la tournure des événements. «Les groupes québécois se sont retirés de la course trop tôt, déplore-t-il. Ils ont manqué de vision et de courage. Tu ne peux pas arrêter de négocier et revenir par après, surtout que Gillett avait signifié son intérêt dès le lendemain de la conférence de presse. Il nous avait dit, mot pour mot : "Je ne participerai pas à un encan. Si vous ne trouvez personne, appelez-moi." Et c'est exactement ce qui est arrivé.»

Pour un homme qui a refusé à deux reprises les avances d'un chasseur de têtes, Boivin a rapidement pris plaisir à être président du CH. Sous sa gouverne, le club a mieux performé et le Centre Bell s'est mis à afficher complet. Depuis 2004, aucune partie régulière n'a été disputée devant un siège «vide».

Boivin a finalement tenu les rênes du club pendant une décennie, jusqu'au retour des Molson, qui ont racheté le club de Gillett en 2009.

Ensemble, Boivin et Corey représentent presque trente ans d'histoire du Canadien de Montréal. On l'a vu, ils ont traversé les époques en affrontant une multitude de défis et en remportant un nombre incalculable de victoires.

Pour les deux hommes, cette relation particulière a permis d'acquérir une vision unique du lien unissant les partisans au club de hockey. Les deux sont d'accord pour affirmer que le Canadien jouit au Québec d'une position tout à fait enviable. « La couverture médiatique est incroyable, dit Corey. On ne parle que de ça ! »

Pour Boivin, le caractère unique de ce lien réside d'abord dans les racines latines de la population québécoise. Pour lui, l'histoire et les origines de notre nation expliquent pourquoi le Canadien est si important. « Nous sommes plus émotionnels et démonstratifs en tant que peuple que les Anglosaxons, décrit-il. Nous sommes plus créatifs et intenses, ça se voit par le nombre et la qualité des artistes québécois qui rayonnent partout dans le monde. » Il cite en exemple cette fameuse soirée organisée avec l'Orchestre symphonique de Montréal dans le cadre des célébrations du Centenaire en 2009. « Kent Nagano et ses musiciens ont joué au Centre Bell, rappelle-t-il. À la fin du concert, les décibels dans l'amphithéâtre étaient aussi forts qu'après un but en prolongation du septième match de la finale de la coupe Stanley. Les Québécois sont intenses, passionnés. »

Bien sûr, s'empresse d'ajouter Boivin, le hockey au Québec est depuis toujours représentatif de l'identité nationale. « C'est pour ça qu'il est important de faire des efforts soutenus pour avoir la meilleure représentation francophone au sein de l'équipe ».

Cette analyse historique est partagée par Ronald Corey. « À l'époque où il y avait, outre le Canadien, deux autres équipes à Montréal, les Maroons et les Wanderers, le Canadien était le club des francophones, rappelle-t-il. Ensuite, l'équipe a pu pendant longtemps repêcher les deux premiers francophones chaque année. Ça a permis de bâtir le solage de la dynastie, si on veut, en créant des supervedettes locales. »

Un troisième facteur, plus pragmatique, doit aussi être considéré, selon Pierre Boivin : l'absence relative de compétition du même calibre dans le grand Montréal. La plupart des grandes villes américaines ont deux, voire trois équipes professionnelles dans les quatre sports majeurs. Avec les Rangers, les Devils et les Islanders, la grande région de New York, par exemple, a trois clubs de la LNH. « Et on ne parle même pas encore du sport universitaire de la NCAA », dit Boivin. Au Québec, depuis le départ des Nordiques et des Expos, il ne reste que le Canadien. « Le soccer n'a pas les mêmes racines, et la saison de football est assez courte », dit-il.

Cette relation particulière explique peut-être pourquoi les deux anciens présidents hésitent aujourd'hui à commenter le travail de ceux qui ont géré l'équipe après leur départ. Sans esquiver les questions, ils font preuve de parcimonie dans leurs réponses. On sent chez les deux hommes une volonté ferme de ne pas nuire à l'organisation pour laquelle ils ont tant sacrifié.

Ainsi, lorsqu'on leur demande de commenter le fiasco de l'arrivée de Randy Cunneyworth, l'un refuse de se mouiller, tandis que l'autre n'hésite pas à livrer le fond de sa pensée.

Ronald Corey fait preuve de beaucoup d'égards à l'endroit de la famille Molson. « Ça fait 14 ans que je suis parti et je n'ai jamais fait de commentaires sur ceux qui m'ont suivi, dit-il d'un ton sans appel. Comme tout le monde, j'ai trouvé que c'était une situation surprenante. »

Du côté de Pierre Boivin, la réponse est plus directe. « Moi, personnellement, je n'arrive pas à me l'expliquer. Je ne crois pas que j'aurais pris la même décision. C'est facile à dire avec le recul, mais en 11 ans, je n'ai jamais eu un entraîneur unilingue anglophone derrière le banc. J'estime beaucoup Geoff Molson, mais je pense qu'il y a eu une grande leçon d'apprise après ce geste. »

Quand on lui demande ce qui aurait pu être fait pour éviter le scandale, Pierre Boivin répond qu'un problème de communication a exacerbé la réaction négative des partisans. « Je pense que la direction a cru que, puisque c'était une annonce intérimaire, ça n'aurait pas d'impact. D'autant plus qu'en tant que président, Geoff ne pouvait pas remettre en question le choix de ses hommes de hockey. Mais si ça avait été présenté différemment, si Geoff s'était affiché avec la décision dès le début, peut-être qu'elle aurait été mieux comprise, mieux acceptée.»

«Les puristes de hockey comme Pierre Gauthier ne se laissent pas influencer par les autres aspects du sport, complète-t-il. Ils doivent prendre la meilleure décision sur le plan hockey. Pierre devait sauver la saison. Ce n'est pas un homme de communication, et il ne met pas beaucoup d'eau dans son vin. Il a une honnêteté tranchante. Quand il a dit qu'une langue, ça s'apprend, il a peut-être raté une occasion en or de ne rien dire.»

**

Pierre Boivin se montre très ouvert et aimable en entrevue. On sent toutefois qu'il garde une certaine réserve, que ses commentaires sont ceux d'un diplomate. Le fait qu'il soit toujours sur le conseil d'administration de l'équipe n'y est certainement pas étranger. Il a d'ailleurs demandé la permission à la haute direction de l'équipe avant d'accepter de répondre à nos questions.

Mais peu importe le lien qui l'unit au club : tout comme Corey, Boivin est d'accord pour dire que la décision de Geoff Molson de ramener dans le portrait Serge Savard en tant que conseiller spécial est formidable à tous les niveaux. Les deux confirment que le Sénateur a une influence énorme et une réputation irréprochable dans le monde du hockey, et qu'il s'agit d'un atout indéniable pour un jeune président qui vient tout juste d'entrer en fonction. Surtout après la tempête médiatique de la saison dernière.

Pierre Boivin parle carrément d'un « geste brillant » de la part de Molson. «Les partisans l'ont à la loupe et il ne pouvait pas se tromper, affirme-t-il au sujet du choix du prochain directeur général. Aller chercher un conseiller qui est assez proche du monde du hockey, qui a l'expérience des relations humaines, c'était pour lui une police d'assurance. Ça lui donne une marge de manœuvre. »

Est-ce que l'arrivée de Savard donne une crédibilité instantanée à la décision d'engager Marc Bergevin, un type qui était à peu près inconnu du grand public avant de débarquer à Montréal ? « Assurément, répond Boivin. Les gens ont confiance en Serge. S'il croit avoir identifié le meilleur homme pour le poste, la logique veut qu'ils l'acceptent. »

« Serge a aussi le grand avantage d'avoir gagné la coupe Stanley en tant que joueur et en tant que directeur général, ajoute Ronald Corey. C'est une décision géniale de Geoff Molson que de l'avoir embauché pour ce processus. »

Il faut noter que même s'ils ont aujourd'hui des relations cordiales, il subsiste toujours un certain froid, voire un malaise entre Corey et Savard. Ce n'est pas le président qui le dit, mais bien le Sénateur : on sent dans sa voix une déception toujours palpable par rapport à la fin de son aventure avec l'équipe. En bon diplomate, Savard ne le dit pas aussi directement. Ses paroles, toutefois, sont sans équivoque. « J'ai surtout du mal à accepter qu'à cette époque, les Molson m'aient congédié, dit-il. Ronald Corey ne pouvait pas le faire sans leur autorisation… »

Quoi qu'il en soit, la roue a tourné et aujourd'hui, autant Corey que Boivin semblent ainsi très optimistes pour la suite des choses dans le royaume du CH. Ils ne portent pas de lunettes roses : ce qu'ils ont vécu à la tête de l'équipe leur a enseigné qu'on ne doit jamais rien tenir pour acquis et que tout peut basculer du jour au lendemain. N'empêche qu'ils ont foi en la capacité de Geoff Molson et de son nouveau DG de ramener l'équipe vers les sommets.

Pierre Boivin se dit particulièrement heureux de constater que des Québécois sont à la barre de l'équipe. « Le club vend de l'espoir, affirme-t-il sans détour, alors c'est fondamental d'y retrouver une famille qui nous ressemble. »

Le fait que Geoff Molson soit parfaitement bilingue et intégré à la communauté montréalaise jouera un grand rôle dans les succès futurs de l'équipe, croit-il. « Au-delà de la langue, Geoff et ses frères sont biculturels. Geoff, en particulier, représentait l'entreprise familiale sur le conseil d'administration de l'équipe, alors il connaît profondément cette institution. Il est tout à fait apte à prendre les bonnes décisions. »

De son côté, Ronald Corey estime que « tout réside dans la passion. Sans passion, dit-il, tu n'auras jamais de succès. C'est vrai pour n'importe quoi. Pour gagner, tu dois être passionné de ce que tu fais. Et je sais que Geoff Molson a cette passion en lui. »

Corey ne connaît pas personnellement Marc Bergevin, mais ce qu'il voit depuis son arrivée lui plaît énormément. « Il m'inspire confiance, décrit-il. On voit bien qu'il vit pour le Canadien de Montréal. Les gens doivent avoir une certaine patience, mais je sais qu'il amènera de bons résultats. J'en suis convaincu. »

Trois Glorieux. Lors du centenaire du Canadien, Guy Lafleur s'adresse à la foule, en compagnie de Patrick Roy et Serge Savard.
Photo CP Ryan Remiorz

Chapitre 3

De Béliveau à Lafleur…

Si le Canadien de Montréal est une affaire de passion pour les Québécois, il en va de même pour ses plus illustres joueurs. Après avoir laissé toutes leurs forces sur la glace du Forum et soulevé de nombreuses coupes Stanley, ils détiennent aujourd'hui une partie de l'explication sur les liens quasi sacrés entre les partisans et le club de hockey.

C'est le cas de Jean Béliveau et de Guy Lafleur, deux joueurs légendaires et au style similaire qui gardent toutefois des souvenirs très différents sur leur carrière. Là où le premier fait preuve d'un tact et d'une diplomatie irréprochables, le second ne se gêne pas pour exprimer les sentiments qui l'envahissent quand il songe à certaines décisions controversées de la haute direction…

***

L'un des plus beaux souvenirs de Jean Béliveau se déroule le 8 décembre 1949. Ce jour-là, on inaugure le tout nouveau Colisée de Québec avec un match entre les As et les Citadelles de Québec ; ces derniers comptent dans leurs rangs celui qu'on surnommera plus tard le Gros Bill. « J'ai un souvenir très clair de cette journée, raconte aujourd'hui le célèbre numéro 4. Le maire Lucien Borne avait été nommé entraîneur honoraire pour l'occasion… »

Âgé de 18 ans, Béliveau vient alors à peine de se joindre aux Citadelles. « Je n'ai jamais joué pee-wee ou bantam, parce que ça n'existait tout simplement pas à l'époque ! rappelle-t-il en riant. J'ai vite réalisé que de jouer avec et contre des joueurs physiquement plus forts et plus rapides a été une bonne école pour moi. » C'est donc en se frottant à des joueurs beaucoup plus âgés de la Ligue senior que le Gros Bill apprend les bases de la position de centre. Son grand gabarit et sa combativité le font remarquer par le Canadien, qui lui fait signer un contrat au tournant de la décennie.

En 1950, Béliveau a le privilège de participer à trois parties au Forum de Montréal, où il enfile pour la première fois le maillot tricolore. Il en profite pour marquer son tout premier but sur la glace du mythique amphithéâtre contre les Blackhawks de Chicago. Il retourne ensuite faire ses classes au sein des As. Lors de la saison 1952-1953, il participe à quelques matchs du Canadien, marquant notamment trois buts contre les éternels rivaux de Montréal, les Bruins de Boston. L'année suivante, il devient un joueur régulier. « J'imagine qu'au moment de négocier un contrat, ces trois buts contre Boston n'ont pas été mauvais pour moi », indique-t-il, espiègle.

S'amorce alors ce qui deviendra l'une des plus célèbres et fructueuses carrières de hockeyeur non seulement de l'histoire du Canadien, mais de la Ligue nationale au grand complet. Avant sa retraite en 1971, Béliveau récoltera les trophées Hart (deux fois), Art Ross et Conn Smythe (il en a été le premier récipiendaire), en plus de participer à la conquête de dix coupes Stanley et d'inscrire 1219 points en 1125 parties. Très rapidement, il devient une vedette pour la nation québécoise tout entière. « Porter cet uniforme a été la réalisation d'un rêve, comme celui de tous les jeunes Québécois à l'époque, dit-il. Dans ma vie, les personnes ou les organismes qui ont été honnêtes avec moi, j'ai toujours eu beaucoup de difficulté à m'en séparer. Ça a été le cas avec les As, et ça a été le cas avec le Canadien.» Même si le Canadien compte dans ses rangs de très nombreuses vedettes francophones, c'est en anglais que ça se passe dans le vestiaire. L'entraîneur, Toe Blake, comprend et parle assez bien la langue de Molière, mais la norme veut que toutes les conversations soient en anglais. «Ça ne posait pas problème pour nous, dit Béliveau. On ne parlait pas de ces choses-là entre nous. Ça nous permettait d'apprendre une autre langue.»

Au-delà des nombreuses victoires et de la dynastie dont il a été le capitaine pendant une décennie, le Gros Bill a vécu de très près l'un des épisodes fondateurs de la légende du Canadien : l'émeute du Forum à la suite de la suspension de Maurice «Rocket» Richard. L'épisode a marqué son époque. Après le déclenchement d'un engin fumigène lors du match contre Détroit suivant la suspension du Rocket, les partisans en colère se rassemblent autour du Forum et se mettent à tout saccager, causant des centaines de milliers de dollars en dommages. Il faudra que le Rocket en personne lance un appel au calme à la radio le lendemain pour que la situation se détende à Montréal.

«J'étais sur la glace à Boston quand la bagarre a éclaté, se remémore Jean Béliveau. À un moment, Maurice s'est passé la main dans les cheveux et il a vu du sang. Il a saisi un bâton pour partir après (Hal) Laycoe, mais l'arbitre s'est interposé et Maurice l'a poussé fort. Je ne me souviens pas de l'avoir vu frapper l'arbitre comme on l'a rapporté. Je ne peux pas garantir à 100 % que (ce coup de poing) est arrivé.» Si certains considèrent que l'émeute qui a suivi quelques jours plus tard est le point de départ de la Révolution tranquille, Béliveau balaie l'analyse du revers de la main. «Je vais vous dire quelque chose : à l'époque, on ne s'occupait pas de politique, tranche-t-il. On était concentré sur les résultats de l'équipe, sur notre succès. La politique, on n'en parlait pas.»

Pourtant, en politique, on parlait de lui : il a même refusé, pour des raisons familiales, l'offre du premier ministre Chrétien du poste de gouverneur général du Canada au milieu des années 1990.

Béliveau et Richard ont été sept ans dans le même vestiaire. Le Gros Bill décrit un homme de peu de mots qui laissait ses gestes sur la glace parler pour lui. « Maurice faisait ce qu'il avait à faire. On savait qu'il était toujours la pour fournir l'effort nécessaire, qu'il serait toujours capable de tout donner le soir de la joute. »

Si certains ont pu croire qu'il subsistait à l'époque une rivalité malsaine entre les deux hommes, Béliveau jure qu'il n'en est rien. « Ça allait bien », résume-t-il simplement.

Après le départ du Rocket, Béliveau continue de récolter les succès avec l'aide de ses coéquipiers. Lorsqu'il annonce sa retraite avant le début de la saison 1971-1972, les partisans de la Sainte-Flanelle ont heureusement un autre Québécois francophone en qui placer leurs grands espoirs, soit Guy Lafleur, que plusieurs considéraient déjà comme son digne successeur.

D'ailleurs, afin de faciliter la transition du petit gars de Thurso vers la Ligue nationale, les dirigeants des Canadiens lui ont suggéré d'habiter quelque temps chez le Gros Bill avant sa première saison, une offre immédiatement acceptée. « Il m'a très bien accueilli, se souvient le Démon blond. Je suis resté chez lui pendant deux semaines, le temps de me trouver un appartement sur la Rive-Sud. Dans le temps, je prenais le métro pour aller au Forum les jours de pratique… »

« Juste revêtir cet uniforme était quelque chose d'extraordinaire pour moi. C'était non seulement un rêve qui se réalisait pour moi, mais aussi pour mon père. À nos yeux, la Ligue nationale, c'était le Canadien de Montréal, et vice-versa ! »

Malgré les énormes attentes placées en lui, Lafleur n'a jamais eu l'intention de remplacer Béliveau. « Il était irremplaçable », dit-il. C'est pourquoi même s'il avait lui-même porté le numéro 4 dans les rangs juniors, jamais l'idée de réclamer ce dossard une fois dans l'uniforme du CH n'a traversé l'esprit de Lafleur. « Jean Béliveau était mon idole, avec Bobby Orr et Gordie Howe, explique-t-il. Quand je suis entré dans la chambre des joueurs pour la première fois, il restait quelques chiffres encore disponibles. J'ai choisi le 10. » C'est après ce choix de maillot que commencera une carrière ponctuée de hauts, mais aussi de bas pour le fameux ailier droit.

***

Dès le début, la relation entre Lafleur et le Canadien n'est pas qu'un long fleuve tranquille. Les attentes énormes placées sur lui après la retraite de Jean Béliveau, combinées à un caractère fonceur et particulièrement franc, font que le lien entre le jeune joueur et l'entraîneur Scotty Bowman n'est pas très solide. « Personne ne l'aimait dans l'équipe », déclare aujourd'hui Lafleur. Au départ, l'ailier droit n'est pas assez mis à contribution à son goût. « Je n'étais pas heureux parce que je ne jouais pas sur une base régulière », avoue-t-il.

Il faudra attendre trois saisons avant que Lafleur n'explose offensivement. Lors de la campagne 74-75, il double sa production, marque 53 buts et enregistre 66 passes. L'année suivante, il gagne la première de quatre coupes Stanley consécutives. Il l'avait déjà gagné en 73, mais son rôle était alors plutôt restreint au sein de l'équipe. « Plus jeune, je demandais à des gars comme Yvan Cournoyer et Henri Richard de m'expliquer le feeling de gagner la coupe. On me répondait que c'est inexplicable. Quand je l'ai gagnée, j'ai vraiment compris ce que signifiait la dynastie, l'appartenance, et ce que les fans ressentaient face au Canadien. Encore aujourd'hui, je ne peux pas expliquer ce feeling. Il faut le vivre. »

Finalement, le Démon blond connaît une carrière extraordinaire de 14 saisons avec le Canadien. Il devient véritablement une légende vivante, surtout auprès des Québécois francophones, exactement comme son idole de jeunesse, Jean Béliveau. Malgré cet honneur, Lafleur estime qu'il ne s'est jamais considéré comme tel. « J'ai toujours voulu jouer dans la Ligue nationale, et j'ai réalisé mon rêve. Chaque fois que j'embarquais sur la glace, je me pinçais pour m'assurer que c'était vrai. J'ai beaucoup apprécié avoir la chance d'évoluer pour l'équipe de mes idoles. J'avais une réelle fierté de faire partie de cette équipe. Ce n'est pas pour rien qu'on passait 45 minutes à signer des autographes après les parties ! Ça m'a toujours fait plaisir. Les gens prennent ça à cœur, le hockey, et je les comprends. »

Après les années glorieuses, toutefois, vient la chute.

La production offensive de Lafleur commence en effet à piquer en flèche à partir du début des années 1980. Sa carrière avec le Canadien se terminera en novembre 1984 après une série d'événements que le principal intéressé n'hésite pas à raconter en détail. Dès la première question sur le sujet, il déballe son sac d'un trait.

« La vérité, c'est Ronald Corey, Jacques Lemaire et Serge Savard qui la connaissent, commence-t-il par dire. Moi, j'ai mes doutes : ils ont voulu se débarrasser des joueurs avec qui ils avaient joué. Lemaire nous interdisait d'aller au bar de l'hôtel quand on voyageait, mais je ne l'écoutais pas. Il a commencé à couper mon temps de glace. Je me souviens qu'en séries contre Buffalo, il m'a cloué au banc pendant un *power play* crucial. À la fin, je jouais cinq minutes par match. Je m'en suis plaint à Lemaire. Il a commencé par me répondre que je jouerais sur le jeu de puissance, l'infériorité numérique et les quatre trios, pour me provoquer, pour dire ensuite que si j'étais prêt ce soir-là, j'allais jouer normalement. Je me suis présenté au Forum à trois heures de l'après-midi, Corey m'a vu et m'a dit que j'allais jouer beaucoup à l'avenir… après la deuxième période, j'en étais à trois minutes de jeu. Le soir même, l'équipe devait quitter Montréal pour une partie hors de la ville. J'ai vu Serge près du vestiaire, je lui ai dit : "Tu as eu ce que tu voulais, je m'en vais chez nous, criss." »

C'est exactement ce qu'il fait en annonçant sa retraite de la compétition peu après cette fameuse soirée. Le lendemain, Ronald Corey lui assure qu'il a « une job à vie » au sein du club, s'il le souhaite. Lafleur réfléchit un moment puis accepte un poste administratif pour le Canadien et la brasserie Molson. Or, contrairement à ce qui avait été convenu, il travaille beaucoup sur la route, parfois jusqu'à sept jours par semaine. Encore une fois, les choses tournent au vinaigre entre le Démon blond et le Tricolore. L'ancien joueur exige le double de son salaire annuel de 75 000 $, estimant que le travail qu'il abat au nom de la brasserie Molson vaut bien ce dédommagement.

Les négociations piétinent un moment, jusqu'au jour où Bertrand Raymond, chroniqueur au *Journal de Montréal*, a vent de l'histoire. « Comme ni moi ni ma femme ne lui en avions parlé, c'était certain que la direction du Canadien l'avait mis au courant, déplore Lafleur. Je lui ai donc raconté ma version de l'histoire, en insistant pour dire que je travaillais sur la route tous les jours et que je n'avais plus de vie à moi. »

Quand l'histoire se retrouve en première page du *Journal*, la bombe explose. La direction du CH ne digère pas la sortie publique de son employé. Ronald Corey convoque alors Lafleur dans son bureau et lui annonce sommairement qu'il est congédié. « Ils ne m'ont même pas laissé faire mes boîtes, ils ont envoyé mes affaires par la poste quelques jours plus tard », raconte Lafleur.

Il faudra plus de dix ans — et un retour au jeu avec les Rangers de New York, puis les Nordiques de Québec — avant que Guy Lafleur ne se réconcilie avec l'organisation pour laquelle il avait tant donné. À propos de ses deux années passées à Québec, d'ailleurs, Lafleur n'a que des éloges. « Je n'ai jamais pensé faire un pied de nez au Canadien en allant là-bas. Tout ce qui comptait pour moi, c'était que ma famille soit heureuse. J'étais content, car je bouclais la boucle de belle façon. »

Mais revenons à ce départ précipité de Montréal. Comme on peut l'imaginer, Ronald Corey a une vision bien différente de cette rocambolesque histoire.

« Il faut bien comprendre que lorsque j'ai fait ce changement, Guy savait pourquoi, explique Corey en référence à la retraite du joueur étoile. Peut-être que j'aurais dû attendre quelques mois de plus. J'en assume la responsabilité. Toutes ces décisions, l'idéal, c'est de ne pas avoir à les prendre. Mais ce n'est pas ainsi que ça marche. »

On sent que Corey cherche à faire la paix avec le passé dans cette histoire. « On n'en a jamais reparlé ensemble moi et Guy, dit-il quand on lui explique les doléances de son ancien protégé. Mais ça me fait de la peine tout ça. Je peux comprendre sa réaction, car je l'ai en haute estime et je n'en garde que de bons souvenirs. Vraiment, ça me fait de la peine de le voir ainsi. »

Quoi qu'il en soit, Guy Lafleur s'est depuis réconcilié avec l'organisation. Son chandail est retiré et le Démon blond agit 25 jours par année en tant qu'ambassadeur pour le club, gardant en vie sa légende auprès de ses nombreux partisans. « Je suis toujours bien accueilli au Centre Bell, tout va bien », tient-il à dire. Et malgré toutes les déclarations à l'emporte-pièce, voire parfois provocatrices, qu'il a pu émettre au fil des années, le joueur continue d'aimer son club au plus haut point.

« Tout ce que j'ai dit dans ma carrière, c'était pour passer un message à différentes personnes, pour qu'ils se réveillent, justifie-t-il. Jamais je n'ai critiqué juste pour critiquer. Surtout pas l'organisation en tant que telle. Moi, c'était toujours pour réveiller du monde qui dormait au gaz. »

Quand on lui relate la position de Ronald Corey sur le sujet, Lafleur s'emballe. « Moi, je n'invente rien, ça s'est passé comme ça, dit-il avec fermeté. Les autres peuvent mentir, je m'en contre balance. Ce sont des politiciens, ils disent ce que les gens veulent entendre. Ils ont passé proche de détruire ma famille, et ça, c'est inacceptable. Je ne suis pas rancunier, mais j'ai une criss de bonne mémoire. »

Lafleur utilise d'ailleurs une analogie très puissante, très émotive pour décrire ce qu'il ressent quant à son lien avec le Canadien de Montréal.

« Je n'ai jamais oublié ce qui s'est passé, admet-il. Le CH que j'avais tatoué ici (il pointe son cœur)... Si tu échappes un beau vase en porcelaine par terre, tu as beau le recoller avec de la *crazy glue*, à l'intérieur, il y a encore une fissure. Moi, je me sens de même. »

Il prend une pause et réfléchit un instant. « Pour moi, le Canadien, ce sera toujours le Canadien, dit-il enfin. Et c'est une organisation plus profonde que ce que sont les gens en charge du hockey. »

***

Au-delà des écueils personnels, autant Jean Béliveau que Guy Lafleur s'entendent aujourd'hui pour célébrer le lien unissant le Canadien de Montréal à la famille Molson. Les deux voient d'un très bon œil le retour du clan montréalais aux commandes de l'équipe. C'est surtout vrai dans le cas du Gros Bill, pour qui Geoff Molson est l'incarnation même du propriétaire attentif, passionné et totalement dévoué à sa communauté. « N'oubliez pas que les Molson sont ici depuis 1786, rappelle-t-il. S'ils ont réussi dans autant de domaines, c'est qu'ils savent ce que ça prend. »

Pour Béliveau, l'attachement à la célèbre famille n'est pas qu'émotif. Il rappelle les nombreuses œuvres caritatives dans laquelle le clan s'est impliqué depuis des décennies et souligne à quel point les joueurs pouvaient compter sur lui. Le sénateur Molson en personne, celui qui a si longtemps assisté au match de l'équipe de son siège derrière le banc des joueurs, lui a offert un emploi à la brasserie lorsqu'il a commencé sa carrière, se souvient-il.

« Nos salaires étaient bas à l'époque, et il fallait travailler pendant l'été, dit Béliveau. Après les pratiques au Forum, j'allais directement à la brasserie, où j'avais un petit bureau. Ils m'ont appris à opérer une franchise, à comprendre la livraison de la bière, à faire l'embouteillage, le marketing… C'est leur manière de faire les affaires. Ils ont toujours eu beaucoup de classe.»

Ce n'est donc pas surprenant, selon Béliveau, que Geoff Molson soit si bien perçu à la fois par la communauté montréalaise et par les joueurs, anciens et actuels. «Quand j'ai su qu'il devenait président, je me suis dit qu'il aurait beaucoup de travail à faire. Mais il a su faire les bons choix, et bien s'entourer pour prendre les décisions importantes.»

On retrouve le même respect pour les Molson chez Guy Lafleur, qui se souvient très bien avoir déjà vu le petit Geoff dans le vestiaire des joueurs alors qu'il était âgé de sept ans. «C'est aujourd'hui un gars terre à terre, qui va t'écouter et prendre le temps d'entendre tout ce que tu as à dire, décrit-il. Il va te le dire, si tes idées ont du bon sens ou pas. Pour moi, c'est un superchic type, un gars très sympathique. Il est à l'image des Molson, qui sont des gens simples, sympathiques et capables de s'intégrer dans n'importe quel milieu.»

Si les deux vedettes célèbrent sans se faire prier la personnalité de Geoff Molson, leurs points de vue divergent beaucoup quant aux récents événements ayant mené à l'arrivée de Marc Bergevin et Michel Therrien à la barre des opérations quotidiennes du club.

Diplomate, Béliveau estime qu'il est vain de chercher à blâmer quelqu'un par rapport à la baisse d'influence des francophones ressentie par plusieurs au cours du règne du Bob Gainey et Pierre Gauthier. Il explique que les circonstances ne sont plus les mêmes qu'à son époque et qu'il est de plus en plus difficile de repêcher des Québécois répondant aux besoins du club. «Même si vous avez l'intention d'en repêcher un, si l'équipe avant vous le repêche, que pouvez-vous y faire? Ce n'est plus comme dans mon temps, où on signait une formule et qu'on appartenait automatiquement à l'équipe.» Quelques instants plus tard, il précise sa pensée : «Par exemple, ça fait 15 ans que j'entends dire que le

Canadien a besoin d'un gros joueur de centre. D'accord. Mais si le seul qui est disponible quand c'est ton tour de repêcher, c'est un Russe, que voulez-vous ? Aujourd'hui, le hockey, c'est mondial. On entend souvent dire que peu importe l'origine, du moment qu'on gagne... »

Concernant la décision de remplacer Jacques Martin par Randy Cunneyworth et la réaction cinglante des amateurs, Béliveau indique très clairement ne pas vouloir faire de politique. Pour lui, hors de question de critiquer une décision dont il ne connaît pas tous les tenants et aboutissants. « Il n'y a aucun doute que c'était une situation très difficile pour Pierre Gauthier, dira-t-il tout simplement. Randy était le premier assistant de Martin, alors tu te dis que c'était à lui d'y aller. Mais un fort pourcentage des amateurs avait raison de dire que l'entraîneur devrait pouvoir s'exprimer en français. »

Comme on peut s'y attendre, Guy Lafleur jette un regard plus critique sur la chaîne d'événements ayant mené à la controverse linguistique. Il ne mâche pas ses mots pour dire ce qu'il pense de l'ancienne administration de la Sainte-Flanelle.

« L'erreur a été d'engager Pierre Gauthier, lâche-t-il. Quand je regarde le travail de Bob Gainey, c'est un gros zéro comme gérant à Montréal. Ce sont des gars complètement déconnectés de la réalité, ces deux-là. Gainey a des qualités et il a traversé de dures épreuves, mais ça ne l'excuse pas, parce qu'il a fait reculer le Canadien de 10 ans en arrière. »

Force est d'admettre que malgré les errements allégués ou réels de l'ancienne administration, le Canadien de Montréal n'a jamais été aussi populaire qu'aujourd'hui. Le succès sur la patinoire n'est peut-être pas au rendez-vous, les amateurs s'entassent tout de même soir après soir dans le Centre Bell pour applaudir et encourager leur équipe.

Comment expliquer ce phénomène hors du commun ? Guy Lafleur attribue cette popularité au lien inébranlable unissant la ville à son équipe. Ce même phénomène qui explique pourquoi il est encore aujourd'hui ambassadeur du club malgré les nombreuses prises de bec qu'il a eues avec ses administrateurs dans le passé. «Le Canadien, c'est mythique, décrit-il. L'histoire de l'équipe a tellement de profondeur qu'elle se passe d'une génération à l'autre. L'autre jour, j'ai rencontré un jeune de 10 ans qui connaissait ma carrière au grand complet ! C'est quelque chose de phénoménal que tu ne rencontres pas ailleurs.»

Jean Béliveau explique quant à lui ce lien particulier par la pratique très répandue du hockey au Québec dans les dernières décennies. Il rappelle que même si le hockey junior organisé n'existait pas à son époque, tous les petits gars de son voisinage jouaient sur les glaces extérieures pendant l'hiver. «Nos petites patinoires, on les utilisait ! se souvient-il. Tout le monde patinait et jouait au hockey. Quelques-uns d'entre nous ont réussi à atteindre le Canadien, mais, peu importe le talent, tout le monde jouait au hockey.» Le CH est ainsi devenu l'expression de la passion d'une nation entière qui s'identifiait dans les exploits des joueurs vedettes issus du peuple.

Tout cela fait en sorte que les deux porte-étendards du Tricolore affichent un optimisme non négligeable quant aux chances du club de mettre la main sur une coupe Stanley dans un avenir rapproché.

Jean Béliveau estime que l'arrivée de certains redresseurs de torts au sein du club permettra aux joueurs plus petits de mettre plus d'ardeur à l'ouvrage. Il cite Brandon Prust, un attaquant reconnu pour ne pas avoir froid aux yeux. «Si les autres se sentent protégés, ils joueront mieux». Selon lui, il s'agit d'ailleurs d'une stratégie fructueuse depuis des décennies. «Après le départ de Maurice Richard et de plusieurs autres, en 1960, on se faisait frapper assez durement et c'était dur sur le physique, raconte-t-il. Or, qu'est-ce que M. Selke a fait à ce moment ? Il est allé chercher John Ferguson et Ted Harris, des durs. Ce n'est pas uniquement à cause d'eux, mais on a recommencé à gagner la coupe Stanley à ce moment.»

Lafleur a un point de vue similaire. Il croit cependant que la lune de miel avec la nouvelle administration sera de courte durée si le succès n'est pas au rendez-vous, mais qu'au moins, les bons gestes ont été posés depuis l'arrivée de Marc Bergevin et Michel Therrien. « Ce n'est pas parce qu'ils ont plus de francophones qu'ils vont être à l'abri des critiques, prophétise-t-il. Si tu pars sur une dérape de 10 ou 15 défaites... Ces gens-là ont énormément de pression sur les épaules. Mais ils ont mis toutes les chances de leur bord. Je suis sûr que les gars vont tout faire pour gagner. »

La faible représentation de joueurs francophones n'est d'ailleurs pas due à un manque de volonté de la direction, selon Lafleur, qui blâme surtout les journalistes sportifs. « Moi, je l'ai toujours dit aux journalistes : "Vous chialez qu'il n'y a pas de francophones dans l'équipe, mais quand il y en a un, vous l'écrasez ! La moindre erreur, vous les écrasez." Regarde ce qui s'est passé avec Brisebois, Richer, Latendresse... Ils ont épluché tous ces gars, et après ils se demandent pourquoi les Québécois ne veulent pas venir se faire varloper à Montréal. Pourtant, quand un Européen ou un Américain se pogne le beigne, on ne dit rien. On est bon pour ça, au Québec, se rabaisser... »

L'aspect financier n'est pas non plus à négliger, ajoute Lafleur. « Payer 55 % d'impôts, les joueurs y pensent, et ça peut les faire changer d'idée », croit-il.

Malgré leurs divergences d'opinions, un discours commun se dégage des paroles de Guy Lafleur et Jean Béliveau : tous les deux disent n'avoir que de beaux souvenirs des moments passés sur la glace avec le chandail bleu blanc rouge sur le dos. Idem pour toutes ces heures passées derrière le Forum de Montréal à signer des autographes et discuter avec les amateurs.

« Je suis fier d'être ambassadeur du Canadien de Montréal, dit Lafleur d'un ton presque solennel. Même quand je n'étais pas là, que je n'étais pas officiellement lié au club, je le représente quand même. Ce que j'ai fait, ils ne pourront jamais me l'enlever. »

Jean Béliveau se souvient avec un brin de nostalgie des moments où il sautait sur la glace avec Harvey, Richard et

Moore pour remplir les filets adverses lors des attaques à cinq, pendant la belle époque des six clubs. «Il y avait du respect entre les joueurs, dit-il. Moi, je n'ai jamais été contre un bon *bodycheck*, pourvu qu'il ne soit pas vicieux. »

La plus belle anecdote illustrant l'héritage génial de cet âge d'or est l'amitié toujours active entre les anciens joueurs. «Ted Lindsay est venu ici il y a quelque temps, raconte Béliveau au sujet de son célèbre rival des Red Wings. Il s'occupe d'une œuvre à Détroit, il voulait que je signe des photos pour un encan… Ça m'a fait un plaisir énorme de le voir. Nous sommes de grands amis aujourd'hui. »

Chapitre 4

Les deux dernières coupes :
Perron, Demers et Roy

En toute franchise, Patrick Roy ne s'attendait pas à être repêché très tôt.

Aussi étonnant que celui puisse paraître avec le recul du temps, le célèbre gardien de but était convaincu, en ce début d'été 1984, qu'il lui faudrait attendre jusqu'à la cinquième, voire sixième ronde, avant qu'une équipe ne le sélectionne. Il faut dire que, malgré son talent indéniable, il avait connu une saison en dents de scie avec les Bisons de Granby dans la LHJMQ. De plus, les gardiens de but étaient généralement choisis plus tard au repêchage à cette époque. « Je ne savais vraiment pas à quoi m'attendre », raconte aujourd'hui le numéro 33.

C'est donc avec une grande surprise que Roy a entendu son nom dans les haut-parleurs du Forum de Montréal en 3e ronde (51e rang au total). « Je revois Pierre Lacroix, mon agent, qui vient vers moi… se remémore Roy. Je garde un très beau souvenir de ce moment. »

Pour Roy et le Canadien, ce repêchage historique est la première étape d'un long voyage qui les mènera vers une avalanche de succès couronné par deux conquêtes de la coupe Stanley.

***

L'épopée de Patrick Roy avec le Tricolore n'aurait probablement pas été la même sans l'entraîneur Jean Perron, qui, sentant l'énorme potentiel du jeune gardien, lui a fait confiance très tôt dans sa carrière. Pour comprendre comment les événements se sont enchaînés jusqu'à sa première coupe Stanley, il faut retourner quelques années en arrière.

Les débuts de Jean Perron en tant qu'entraîneur se déroulent à l'Université de Moncton, où il est responsable des Aigles bleus. Le succès est au rendez-vous : à deux reprises, ses Aigles remportent les grands honneurs d'un prestigieux tournoi universitaire international. Perron se fait un nom petit à petit dans le milieu du hockey et il est choisi pour préparer l'équipe canadienne en vue des Jeux olympiques de Sarajevo. À l'époque, les professionnels ne sont pas admis aux Jeux, et les joueurs de la Ligue nationale sont remplacés par des jeunes et des amateurs. Or, les Soviétiques respectent plus ou moins cette règle : puisque leurs meilleurs joueurs ne sont pas actifs dans la Ligue nationale, ils peuvent participer au tournoi. Face à cette machine de hockey impitoyable (les Soviétiques comptent notamment sur le trio KLM, soit Vladimir Krutov, Igor Larionov et Sergei Makarov), le Canada s'incline honorablement et décroche la 4e position.

Dès la fin du tournoi, Jean Perron doit faire un choix déchirant : le Canadien et les Nordiques lui ont chacun soumis une offre pour accéder aux ligues majeures.

Même si l'équipe de Québec offre plus d'argent, Perron finit par accepter le contrat du Tricolore. « J'ai toujours été un grand fan de Jean Béliveau, explique Perron. J'ai préféré le Canadien en bonne partie parce qu'il était mon idole et que je voulais travailler avec lui. » Même si le DG Serge Savard aimerait mieux le voir faire ses classes au club-école de l'équipe à Halifax, le nouvel entraîneur-chef, Jacques Lemaire, parvient à convaincre son patron de nommer Perron son assistant à Montréal.

Nous sommes alors en février 1985. Tandis qu'il s'entraîne sur la glace des Bisons à Granby, Patrick Roy se rappelle voir l'entraîneur Claude St-Sauveur s'avancer vers lui et lui annoncer que le Canadien vient de le rappeler pour la fin de semaine. Deux matchs sont au programme, contre les Jets et les Islanders. Après la deuxième période à Winnipeg, le pointage est à égalité 4-4. Jacques Lemaire entre dans le vestiaire, pointe Roy du doigt et décrète : « Tu rentres dans les filets. » Roy se tourne vers Guy Carbonneau, assis tout juste à côté de lui sur le banc. « Est-ce que j'ai bien compris ? » demande-t-il, incrédule.

Roy remplace ainsi le partant Doug Soetaert et ferme la porte aux Jets pendant les 20 dernières minutes de jeu. Le Canadien remporte la partie 6-4.

Le numéro 33 est ensuite retourné au Canadien de Sherbrooke, où il gagne la coupe Calder. Dans la LNH, la fin de la saison de Montréal déçoit, et l'équipe est éliminée rapidement. Lemaire quitte alors son poste, laissant la porte grande ouverte pour Jean Perron.

Ce dernier ne s'attendait pas à être en charge aussi rapidement et l'adaptation doit se faire de façon extrêmement rapide. « Ça a été très difficile, admet-il. Il me manquait beaucoup de millage au compteur pour prendre ce poste. Moi, Jacques Lemaire, je ne voulais pas qu'il s'en aille. »

Perron insiste donc pour que Lemaire reste dans l'entourage de l'équipe et lui prodigue des conseils à l'occasion, ce qui est accepté. Cette présence permet à Perron de garder confiance en lui alors que les attentes du public et des médias sont énormes. « S'il avait fallu que je doive m'attarder à tout ça, aux journalistes et aux demandes du public, j'aurais craqué. Avec la présence de Jacques, je me préoccupais plus ou moins de la pression extérieure. »

Rapidement, Perron décide que Patrick Roy, une recrue avec un total d'une seule période d'expérience dans la LNH, accédera aux majeures dès l'automne 85. Serge Savard n'est pas vraiment d'accord, mais Perron insiste. « J'avais vu le

Canadien de Sherbrooke dans leur conquête de la coupe Calder et je savais de quels exploits Patrick était capable. » Le premier match du numéro 33, contre les Pingouins à Pittsburgh, lui donne raison : la recrue accorde d'abord deux buts consécutifs à Mario Lemieux, puis ferme la porte et mène son club vers une victoire de 4-2.

« Je ne réalisais pas tellement ce qui se passait, se souvient Roy. J'avais juste le goût de démontrer ce que je pouvais faire et prouver qu'un jour je pourrais porter cet uniforme comme joueur régulier. »

Les efforts de Roy ne suffisent pas, toutefois, à faire du Canadien une puissance de la Ligue nationale. L'équipe est très jeune et, par moments, jusqu'à une dizaine de joueurs en uniforme en sont à leur première saison. Quelques semaines après le début de la saison, le club a une fiche de deux victoires, quatre défaites et un match nul. « Tout le monde pensait que je serais dehors avant Noël », se rappelle Perron.

Afin d'éviter la catastrophe, le coach rassemble quelques joueurs vétérans dans sa chambre d'hôtel au début de l'hiver. Bob Gainey et Larry Robinson sont présents. Perron leur dit qu'il a besoin de leur aide pour aider à souder l'équipe, spécialement les jeunes. Les vétérans jurent alors d'aider leur entraîneur à atteindre cet objectif ; peu après, chaque vétéran est chargé de prendre un jeune sous son aile. « On a commencé à voir les jeunes vraiment prendre leur place, raconte Perron. Ils se sentaient à l'aise et travaillaient plus fort. » La recette fonctionne : le club retrouve rapidement le chemin de la victoire et se qualifie pour les séries éliminatoires.

C'est à ce moment que Roy démontre vraiment toute l'étendue de son talent. Dès le début des séries, il affiche une personnalité très forte, à la limite de l'arrogance. « La position de gardien exige un niveau de confiance élevé, surtout à 20 ans, et surtout avec le CH, explique le gardien. En séries, tu ne peux pas arriver avec la tête entre les jambes. Tu dois avoir confiance en tes moyens. Moi, durant toute ma carrière, j'ai dû me battre pour faire ma place. La seule chose qui comptait pour moi, c'était la victoire. »

Épaulé par l'entraîneur des gardiens de but François Allaire, Roy perfectionne une nouvelle technique, le style papillon. Jean Perron est convaincu que la présence d'Allaire aux côtés du gardien a grandement contribué à ses succès. « J'ai été chanceux parce que Serge m'a donné toutes les chances pour encadrer ce gars-là. J'avais un nutritionniste, un docteur en psychologie sportive, un entraîneur des gardiens… La seule chose que Serge m'a demandée en retour, c'est de ne pas publiciser ça, parce que c'était nouveau à l'époque. »

Sous les conseils de Jacques Lemaire, Perron enferme littéralement son équipe pendant trois jours dans un domaine de l'île Charron, surnommée Alcatraz par les joueurs, afin de préparer le club pour les séries. La stratégie fonctionne : le Canadien renverse sur son passage Boston, Hartford, New York et Calgary pour mettre la main sur sa 23e coupe Stanley. À 20 ans, Patrick Roy devient alors le plus jeune joueur de l'histoire à remporter le trophée Conn Smythe remis au meilleur joueur des séries.

C'est au retour à Montréal que Jean Perron vit ce qu'il décrit comme « le plus beau moment de sa vie. »

« Quand on était à Alcatraz, Larry Robinson m'avait dit que je n'aurais aucune idée de ce qu'était une victoire de la coupe Stanley à Montréal avant de l'avoir vécu, se souvient-il. Dès notre retour à Dorval, il y avait 15 000 personnes pour nous accueillir. Le plus beau moment est arrivé lors de la parade sur la rue Sainte-Catherine. C'était l'euphorie la plus totale ! Un million de personnes, la rue rouge de monde… Les gens m'arrachaient mon manteau et me serraient la main tellement fort que je suis sorti avec les doigts tout grafignés ! J'ai encore une photo chez moi où tu vois toute la rue… »

Malgré ce succès inespéré, l'aventure de Jean Perron à la barre du Canadien se terminera un an et demi plus tard après une séquence d'événements qui, encore aujourd'hui, demeure enveloppée d'une certaine aura de mystère.

***

L'année suivant la conquête de la coupe s'était pourtant assez bien déroulée. Le club avait atteint la finale de conférence, mais l'avait échappée après une bagarre générale déclenchée par Claude Lemieux lors du sixième match contre les Flyers. Puis, en 1987-1988, le Tricolore avait signé une récolte faramineuse de 103 points en saison régulière avant de s'incliner contre Boston en deuxième ronde.

C'est toutefois un événement survenu hors glace qui mènera au congédiement *manu militari* de Perron.

Pendant les séries, en effet, trois joueurs reconnus pour leur goût de la fête, soit Peter Svoboda, Shayne Corson et Chris Chelios, décident de passer outre au couvre-feu imposé à l'île Charron et d'aller aux danseuses. Sur le chemin de retour, leur voiture fait une embardée et frappe un lampadaire. C'est le scandale dans l'entourage de l'équipe, et Ronald Corey, qui doit veiller à la bonne image du club, décide qu'il en a assez vu. Il met donc Perron à la porte.

« Ronald a dit qu'il en avait assez de ces affaires-là, relate Perron. Moi, j'admets avoir été un peu insolent à ce moment-là. J'avais répondu que s'il voulait une surveillance 24 heures sur 24, il n'avait qu'à engager un pitbull, et à le tenir en laisse à la porte de l'hôtel ! Je ne pense pas que Ronald ait apprécié. »

N'empêche que le congédiement est arrivé dans la vie de Perron comme une surprise totale. Jamais, jure-t-il, ne l'a-t-il vu venir. La situation est devenue franchement pathétique lorsqu'il a appris que, malgré son congédiement, il était en nomination au poste d'entraîneur de l'année.

« Je ne voulais pas aller au banquet de fin d'année, mais la ligue m'a demandé d'y aller pareil, même si j'étais congédié et sans équipe ! dit-il avec une pointe de nostalgie dans la voix. Le pire, c'est que mes joueurs ont gagné tous les trophées : Naslund a eu le Lady Bing, Carbonneau a eu le Frank Selke… Ça a été un moment mortifiant. »

Peu après ce congédiement-surprise, Pat Burns est nommé entraîneur-chef du club. C'est après son départ en 1992 que Jacques Demers arrivera dans le portrait et amorce la reconquête.

***

Demers a déjà beaucoup d'expérience en tant qu'entraîneur quand il prend la barre du Canadien. Il a notamment été à la barre des Nordiques dans l'Association mondiale de hockey et a fait le saut avec eux dans la Ligue nationale au tournant des années 1980. Il a ensuite travaillé pour les Blues de St. Louis et les Red Wings de Détroit, avec qui il connaît de bons succès, puisqu'il reçoit deux années de suite le trophée Jack Adams remis à l'entraîneur de l'année en 86-87 et 87-88.

Après un passage comme commentateur à la radio de Québec, Demers prend le relais de Pat Burns en tant qu'entraîneur à l'été 1992. Pour le petit gars issu d'une famille plus que modeste de Côte-des-Neiges, c'est la réalisation d'un rêve. « Je ne veux rien dire contre les autres équipes que j'ai entraînées, décrit Demers. Mais d'avoir cette opportunité était vraiment un rêve pour moi. Il n'y a rien comme le Canadien de Montréal. J'ai réalisé ce qui m'arrivait quand je me suis assis, seul, dans la chambre des joueurs après la conférence de presse. Je regardais les photos de Geoffrion, Gainey, Lafleur… J'étais émerveillé par ces gars-là, et maintenant, je dirigeais leur équipe ! En sortant du vestiaire, je me suis dit que je devais absolument gagner une coupe Stanley. »

Dès ses premiers entraînements, Demers indique très clairement aux joueurs qu'il vise les grands honneurs. Patrick Roy se souvient : « Il nous a dit : "On va surprendre le monde entier et on va gagner une coupe Stanley." C'était la première fois que j'entendais un coach parler d'un championnat avant même le début de la saison. Je pense que ça a beaucoup aidé à nous mettre en confiance. »

Très rapidement, d'ailleurs, il se développe entre Patrick Roy et Jacques Demers une complicité hors de l'ordinaire. L'entraîneur est perçu comme un *player's coach*, soit un homme qui est proche de ses joueurs. Il gère l'équipe avec ses tripes et n'hésite pas à mettre ses émotions sur la table. « C'est une personne attachante qui permettait à tous les joueurs d'élever leur jeu, décrit le gardien. Il aurait pu me remplacer par André Racicot cette saison-là, parce que je n'ai pas connu mes meilleures performances. Mais il m'a fait confiance. »

Demers explique qu'il était important pour lui de rassembler les joueurs pour les faire travailler dans la même direction. « Les joueurs pouvaient se fier à moi s'ils avaient des problèmes personnels, explique-t-il. Au lieu d'agir brusquement, je communiquais avec eux et je leur donnais une deuxième chance. Ils savaient qu'ils pouvaient entrer dans mon bureau n'importe quand et que je les écouterais. J'ai toujours essayé de travailler en étant honnête avec eux. Par exemple, je ne suis pas parfait, il y a des joueurs que j'aimais moins. Mais si ces joueurs pouvaient me faire gagner un match, je ne le prenais pas personnel et je les utilisais quand même. »

Guidée par les émotions de Demers, l'équipe cause encore une fois la surprise et élimine Québec, Buffalo et les Islanders avant d'affronter Wayne Gretzky et les Kings de Los Angeles. Après une première défaite en prolongation contre les Nordiques, le CH enchaîne dix victoires consécutives après le temps réglementaire, un record. « C'était incroyable, se rappelle Roy. Il y a beaucoup d'équipes qui auraient tremblé des genoux, mais pas nous. La confiance que Jacques nous donnait a fait qu'on jouait notre *game* sans croire qu'on puisse perdre le match. »

Jacques Demers estime que la présence de 14 Québécois dans l'équipe à ce moment a beaucoup contribué à cette atmosphère de confiance. « Je ne l'ai jamais dit, mais j'ai le sentiment que ces gars-là se sentaient responsables vis-à-vis du peuple québécois. Ils ne voulaient pas le décevoir.» Demers attribue d'ailleurs un grand crédit à Serge Savard pour avoir bâti cette équipe. Il cite l'acquisition de Vincent Damphousse comme un moment décisif de cette fameuse saison.

Mais comme cela arrive souvent dans le monde du sport, la conquête d'un championnat n'a absolument pas protégé Jacques Demers du grand ménage effectué par Ronald Corey au tout début de la saison 1995-1996. À entendre la façon dont le coach raconte les événements ayant mené à son congédiement, on comprend qu'il a encore aujourd'hui de la difficulté à comprendre ce qui s'est passé.

«Ça s'est fait après quatre matchs seulement, rappelle-t-il. La dernière partie était contre les Devils. Martin Brodeur avait été dominant, tellement que Lemaire m'avait dit que sans lui, nous aurions gagné. J'avais écrit sur le tableau du vestiaire qu'il y aurait un entraînement le lendemain matin, mais Serge Savard est venu me dire que l'équipe était sur la bonne voie, et qu'il serait mieux de leur donner congé. Tout de suite après, Ronald Corey est entré et m'a dit que c'était insensé de donner congé après ça. Le lendemain, on a été convoqués dans le bureau de M. Corey et on a été congédiés. Je ne l'ai jamais vu venir! Quatre matchs! Je suis convaincu que la partie contre les Devils ne méritait pas d'être jugée si sévèrement.»

Il insiste: si les choses allaient si mal, lui et Savard auraient dû être mis à la porte en juin. «C'est ça le mystère pour moi, laisse tomber Demers. Au baseball, un entraîneur qui gagne la série mondiale a une job à vie. Ici, tu gagnes une coupe Stanley inattendue qui aide à la construction du Centre Bell, et un an et demi plus tard, tu es congédié. Est-ce qu'on s'était assis sur notre derrière? Non, c'est complètement faux de croire ça. On travaillait aussi fort qu'avant.»

Pour Demers, par contre, il est hors de question de vivre dans le passé. Il est extrêmement fier de sa carrière et chérit les souvenirs de tous les matchs passés derrière le banc du

Canadien. Comme il dit, « le passé, c'est le passé ». Il y a deux ans, d'ailleurs, il est allé souper avec Ronald Corey et son épouse après une conférence à Las Vegas. « Entre nous, c'est comme si ce n'était jamais arrivé. On tourne la page. »

Quoi qu'il en soit, quelques semaines après l'arrivée de Mario Tremblay en tant qu'entraîneur et de Réjean Houle en tant que directeur général, Patrick Roy commence à se sentir de mauvaise humeur. Manifestement, le courant ne passe pas entre lui et le remplaçant de Jacques Demers. Leur relation se détériorera jusqu'à ce fameux soir du 5 décembre 1995 où, après avoir accordé neuf buts contre les Red Wings, Roy ira voir Corey derrière le banc pour dire qu'il veut être échangé.

Aujourd'hui, Patrick Roy n'aime pas revenir sur cet épisode. Il le fait en pesant ses mots. Regrette-t-il cette soirée ? Il prend un moment pour réfléchir. « Est-ce que je regrette ? Quelque part, oui. C'est qui je suis. J'ai toujours été quelqu'un d'intense, et cette soirée fait partie des moments que je regrette dans ma carrière. Mais je peux te dire de quoi, s'il y a un gars qui se préparait en fonction des matchs et qui prenait à cœur le succès de l'équipe, c'est moi. En fin de compte, c'est sûr que ce match-là a laissé une cicatrice. Mais j'ai tourné la page. Quand tu reviens sur une carrière, tu dois regarder l'ensemble de l'œuvre. »

Échangé à l'Avalanche du Colorado, Roy y gagnera deux autres coupes Stanley et un autre Conn Smythe avant de prendre sa retraite en 2003. Son retour dans la famille du Canadien s'est fait par la grande porte lors d'une soirée en 2009 pendant laquelle son chandail a été retiré. « C'est Pierre Boivin qui est venu me voir, chez moi, pour me demander si je voulais. Ça m'a fait un énorme plaisir. Même que j'ai rencontré Mario Tremblay à quelques occasions, et tout va bien. Tout ça, c'est réellement derrière moi. Je veux oublier cette soirée, car elle n'illustre pas le bilan de ma carrière. »

Jacques Demers, lui, prendra les commandes du Lightning de Tampa Bay avant de prendre sa retraite et d'amorcer une nouvelle carrière en tant que commentateur sportif à RDS.

Un autre témoin de cette période trouble qui a suivi la conquête de 1993 est Pierre Turgeon. Il n'a été avec le Tricolore qu'un an et demi, mais l'attaquant a vécu son lot d'émotions fortes pendant ce court passage.

En entrevue, Turgeon énumère d'une traite tous les événements hors du commun qu'il a vécus en 18 mois. « J'ai été nommé capitaine, Patrick Roy s'est chicané avec Ronald Corey et est parti, le directeur général a changé, l'entraîneur-chef a été renvoyé, on a fermé le Forum, on a ouvert le Centre Bell… » Ça fait effectivement beaucoup d'événements importants en peu de temps.

Dans tout cela, c'est véritablement la transition entre l'ancien et le nouvel amphithéâtre du Canadien qui a le plus marqué Turgeon. Il faut dire qu'il était alors capitaine du club, et que c'est à lui qu'est revenu l'honneur de faire passer le célèbre flambeau d'un endroit à l'autre. « Je suis chanceux d'avoir été à la bonne place, au bon moment, décrit-il. C'est incroyable, les frissons que j'avais au centre de la patinoire, avec l'ovation des gens… Pour moi, cette soirée sera à jamais inoubliable. »

Malgré ce moment magique, Turgeon a rapidement déchanté quant à son rôle au sein du Canadien. En 1996, alors qu'il n'est âgé que de 27 ans, on lui demande d'axer son jeu sur la défensive et d'accepter d'être moins utilisé. On le considère sur le déclin, près de la fin de sa carrière, une analyse qu'il n'accepte tout simplement pas.

« Je n'arrivais pas à croire que ma carrière allait se terminer ainsi, se souvient-il. Je suis allé voir Réjean Houle et je lui ai dit que je me trouvais trop jeune pour commencer à jouer un rôle plus effacé. J'ai demandé à être échangé. Ça n'a pas été facile parce que j'étais attaché au Canadien. Mais c'était le mieux pour moi. » Bien des amateurs s'en souviendront, Pierre Turgeon avait raison sur toute la ligne : loin d'être en fin de carrière, il a joué pendant dix ans encore en connaissant trois saisons de plus de 25 buts, dont une de 82 points.

Shayne Corson, obtenu en retour de Turgeon, n'a quant à lui jamais dépassé le cap des 34 points après cet échange…

***

Jean Perron et Jacques Demers ont été parmi les principaux artisans des deux dernières conquêtes de la coupe Stanley par la Sainte-Flanelle. Leurs victoires leur ont conféré une sorte de statut d'icône auprès des amateurs : il ne se passe pas une journée sans qu'on leur parle de cette époque où ils ont redonné à leur équipe et à la province une fierté inégalable.

Jacques Demers, en particulier, semble bien conscient de l'importance de ces conquêtes pour de nombreux concitoyens.

« Dans ma tête, le Canadien a toujours été l'équipe des cols bleus. Pour eux, rien n'était plus important que l'équipe en dehors de leur propre famille. C'était aussi l'équipe des francophones. Elle représentait leur joie et leur honneur. »

Cette analyse est partagée par Perron, qui se rappelle que son père lui parlait de Maurice Richard comme d'un très grand homme. « C'est lui qui nous a donné cette fierté dépassant les bornes du hockey et transmise de génération en génération, dit-il au sujet du Rocket. Il s'est tenu debout contre les Anglais qui ont essayé de l'exploiter. Il avait un magnétisme incroyable, c'est lui qui a fait arrêter l'émeute après sa suspension. Ça fait qu'aujourd'hui, le CH est dans nos rêves. C'est tellement fort pour les Québécois que même les immigrants doivent aller au Centre Bell pour voir ce que c'est ! Et quand tu entres là, tu ne peux pas faire autrement que de devenir accroc. »

C'est ainsi avec une certaine incompréhension que les deux entraîneurs ont assisté, comme tout le monde, à l'épisode controversé du congédiement de Jacques Martin et de l'arrivée de Randy Cunneyworth.

Pour Jacques Demers, la première réaction a été de penser que l'entraîneur-chef du Canadien de Montréal devait parler français. « Au Québec, ça prend un francophone, dit-il sans hésitation. On doit respecter ça. » Demers ne comprend pas non plus le moment choisi pour remercier Martin. « Il était à quelques points de faire les séries et n'avait pas perdu le contrôle de son équipe. Était-ce un geste de panique ? Je ne sais pas. Mais on n'a donné aucune chance à Randy de réussir. Dès le début, ça ne marchait pas. Les joueurs savaient qu'il était là de façon intérimaire. C'était une situation perdant-perdant. »

Jean Perron est encore plus catégorique que son confrère. « Moi, j'ai toujours dit qu'on avait un paquet de bons *coachs* au Québec, dit-il après un long silence. Je n'ai pas accepté l'arrivée d'un anglophone comme entraîneur-chef, comme je n'ai jamais accepté l'abandon de la LHJMQ par Bob Gainey et Pierre Gauthier. »

Il cite en exemple le cas d'Alexandre Mallet, un grand gaillard de 205 livres repêché en 2e ronde par les Canucks de Vancouver l'an dernier après avoir raté de peu son entrée dans la Ligue nationale deux ans plus tôt après une invitation à Washington. « Ne pas avoir invité ce gars-là au camp du Canadien, c'est un affront à la population du Québec ! tonne Perron. C'est une équipe qui a toujours été bâtie par et pour les francophones. Même à l'époque de Selke, la philosophie était d'avoir les meilleurs joueurs du Québec. »

Jean Perron considère d'ailleurs que Pierre Gauthier a agi en « paranoïaque » lors de son séjour avec le Canadien. Pour étayer son point, il relate un épisode survenu il y a plusieurs années, alors qu'il était avec les Nordiques. « Je suis allé en Europe avec lui pour voir de jeunes espoirs, raconte-t-il. On mangeait ensemble le midi et on allait voir les matchs en après-midi et en soirée. Mais lui, quand il voulait prendre des notes sur un joueur, il quittait son siège et allait se cacher derrière les colonnes de l'aréna. Il ne voulait pas que personne voie ses évaluations ! Je le répète : c'est un paranoïaque, quand il voit du monde autour de lui, il est mal à l'aise. »

Quant à Gainey, Perron estime que c'est sa présence qui a poussé Geoff Molson à entériner la nomination de Randy Cunneyworth. « Je vais te dire quelque chose : Bob Gainey est un homme drôlement intimidant. Quand il parle, tu as tendance à l'écouter. » Ce n'est qu'après la réaction viscérale des partisans, à son avis, que Molson a réalisé l'erreur et qu'il a décidé de faire le ménage en congédiant Gauthier.

Jacques Demers croit aussi que, même s'il ne l'avouera jamais, Bob Gainey a été durement affecté par la disparition tragique de sa fille il y a quelques années. « Il n'a jamais plus été le même homme. Après, il a pris des décisions qui n'étaient pas le genre qu'aurait pris l'homme de hockey que j'ai vu à Dallas, où il a amené la coupe. »

À les entendre, on n'est pas surpris d'apprendre que les deux anciens entraîneurs sont très satisfaits à la fois du nouveau lien unissant Serge Savard au Canadien et du choix de Marc Bergevin en tant que directeur général. Les deux hommes applaudissent ces choix judicieux de Geoff Molson.

« J'ai une grande admiration pour Serge Savard, dit Perron. Aller le chercher comme ça, c'était un geste extraordinaire. »

« C'est une marque de respect énorme envers Serge Savard, qui a travaillé pour son père et qui est extrêmement crédible. Il n'a pas seulement été le chercher pour endosser son choix ou sauver la face. Je pense que Geoff a beaucoup appris de son père et des déboires du Canadien l'an dernier. C'est un gars intelligent, qui ne fait pas de déclarations à tout casser, un homme cultivé. Il agit pour le long terme. C'est ce qu'il a fait en embauchant Serge Savard. »

De façon étonnante, Jacques Demers estime que celui qui lui a permis d'être entraîneur-chef du CH excelle quand les choses vont mal. « Il disparaît quand ça va bien, et réapparaît quand ça va mal, illustre-t-il. Quand ça va mal, ton homme, c'est Serge. » Il raconte par exemple que lors de leur conquête de la coupe en 93, le DG n'a pas voulu descendre sur la glace pour célébrer, voulant probablement laisser toute la place aux joueurs.

***

Comme on peut se l'imaginer, l'opinion de Patrick Roy sur le processus ayant mené aux sélections de Bergevin et Therrien est très intéressante. Il était en effet parmi les favoris du public pour l'un ou l'autre des postes vacants. « S'il y a quelque chose que je retiens de cet épisode, c'est que j'ai autant d'amour pour les partisans du Canadien qu'eux peuvent en avoir envers moi. J'ai adoré le processus et je me considère chanceux d'avoir pu y participer. Je me plais beaucoup dans mes fonctions à Québec et je respecte la décision de Marc Bergevin d'avoir choisi Michel Therrien. J'espère qu'il va connaître beaucoup de succès. »

Celui qu'on surnomme Casseau est tout aussi enthousiaste et élogieux que ses deux anciens *coachs* envers Serge Savard, un grand homme, selon lui. « Une chose que j'ai toujours aimée de lui, c'est qu'il avait la politesse de dire que le club appartenait aux partisans. Lui répétait qu'il était au fond la voix des amateurs. Encore aujourd'hui, c'est ainsi que je fonctionne avec les Remparts. » Roy affirme avoir appris de Serge qu'il faut accorder une grande importance aux médias, puisque si la population démontre de l'intérêt pour l'équipe, ils ont le droit de savoir ce qui se passe avec elle.

Quant à la nomination de Marc Bergevin, Pierre Turgeon considère que c'est un véritable coup de maître. Il l'a très bien connu à l'époque où ils évoluaient à St. Louis. « Marc est un gars comique qui sait comment rassembler une équipe autour de lui. Je me souviens que pendant les éliminatoires, alors qu'on perdait 3-1 contre Phoenix, il avait réussi à faire diminuer le stress dans la chambre en faisant son clown. Ça a changé l'ambiance radicalement et l'impact a été très positif. On est finalement revenu de l'arrière et on a éliminé Phoenix en prolongation au septième match. Son impact s'est vraiment fait sentir dans le vestiaire à ce moment. »

Il ne faut donc pas s'étonner de voir que ces quatre anciens porte-couleurs du CH voient d'un bon œil le récent changement opéré par Geoff Molson. L'aspect francophone semble être revenu au cœur des préoccupations de la haute direction, notent-ils, et la communication avec les médias et les partisans est plus transparente. Marc Bergevin est apparu sur le plateau de *Tout le monde en parle* quelques jours à peine après sa nomination, un événement carrément impensable sous le règne de Gainey et de Gauthier.

«Marc a une personnalité attachante, décrit Jacques Demers. C'est un Québécois qui dit les vraies choses et n'essaie pas de te remplir. Les gens vont beaucoup l'aimer.»

Jean Perron utilise une anecdote pour illustrer à quel point Geoff Molson sait écouter les gens autour de lui pour prendre de bonnes décisions. «Je suis allé aux funérailles d'Eddy Palchak (l'ancien préposé à l'équipement du CH) et il était là. Il est venu me voir et m'a demandé ce que je pensais de son club. Je lui ai dit exactement le fond de ma pensée, que tu ne pouvais pas gagner avec un club de schtroumpfs. Il m'a écouté et semblait vraiment prendre mon avis en compte.»

Pour lui, le nouveau cycle qui s'amorce chez le Canadien ressemble énormément à la période suivant l'arrivée de Ronald Corey. «Je vois l'avenir avec beaucoup d'optimisme», conclut-il.

Jacques Demers est bien d'accord avec cette analyse. «Les décisions qui ont été prises ont pour but de changer l'atmosphère négative qu'il y avait dans l'équipe depuis le congédiement de Jacques Martin. Avec l'arrivée de gars comme Prust et Armstrong, je pense que l'équipe du Canadien pourra maintenant rivaliser et être robuste. On peut maintenant établir qu'un joueur comme Plekanec ne se fera plus intimider.»

Peut-être que le Canadien n'est pas en route vers une autre coupe Stanley comme cela était le cas à l'arrivée de Demers avec l'équipe. N'empêche que l'ancien *coach* se réjouit à l'idée de voir la nouvelle mouture du CH prendre forme sous ses yeux. «Geoff Molson a compris beaucoup mieux que bien des gens le pensent. Le mot d'ordre, pour lui, c'est d'avoir des francophones dans l'équipe. Les Québécois qui jouent à Montréal appartiennent aux partisans.

« La coupe qu'on a gagnée était peut-être une surprise… mais il ne faut jamais oublier qu'on avait des dizaines de francophones dans l'équipe. Et ça, Geoff Molson le sait. »

Randy Cunneyworth et Jacques Martin derrière le banc du Canadien ; deux jours plus tard, Martin devait être congédié, remplacé par Cunneyworth.
Photo CP Ryan Remiorz

Chapitre 5

Damphousse, Brunet et Houle

Pour les partisans du Canadien, 1995 représente une *annus horribilis* remplie de souvenirs douloureux. Après la conquête inattendue du trophée de lord Stanley en 1993, le club avait raté les séries éliminatoires lors d'une saison écourtée de moitié en raison d'un conflit de travail. Deux saisons plus tard, ça a été le coup de tonnerre : quatre matchs seulement après le début de la campagne 95-96, Ronald Corey a congédié le directeur général Serge Savard et l'entraîneur Jacques Demers pour les remplacer par Réjean Houle et Mario Tremblay. Bien que ces derniers étaient dans la famille du CH depuis des décennies et que personne ne remettait en doute leur connaissance du hockey, il n'en restait pas moins que leur expérience cumulée pour ces postes névralgiques totalisait un total de zéro partie. Houle prenait les commandes d'un club pour la toute première fois, tout comme Tremblay derrière le banc.

La situation est vite devenue hors de contrôle. Tremblay, sentant peut-être que Demers donnait trop de corde à ses joueurs-vedettes, a voulu serrer la vis dès son arrivée. Une façon d'asseoir son autorité, en quelque sorte. Or, pour plusieurs joueurs étoiles, dont le gardien Patrick Roy, ce n'était absolument pas la bonne chose à faire. Rapidement, les disputes ont éclaté entre le gardien Roy et le nouvel entraîneur Tremblay. La situation, loin de se résorber, a rapidement escaladé en une guerre ouverte qui a mené à la séquence d'événements que l'on connaît.

Blessé, Benoît Brunet était sur la galerie de presse lors du fameux match contre Détroit. « On savait que ça s'en venait, décrit-il aujourd'hui. La guerre entre les deux allait finir par atteindre son summum un jour ou l'autre, et c'est arrivé ce soir-là. »

Réjean Houle, lui, répond avec candeur qu'il n'avait plus le choix d'échanger Roy après cette confrontation en direct sur le banc du Forum. « C'est un incident qui est arrivé, explique-t-il, et auquel j'ai dû réagir. Ça arrive dans toutes les équipes. Même Wayne Gretzky a été échangé d'Edmonton… Je croise encore Patrick à l'occasion, et il n'y a aucun problème. Parfois, les situations ont l'air plus dramatiques vues de l'extérieur. »

Quoi qu'il en soit, une fois Roy échangé à l'Avalanche, le Canadien est entré dans une période plutôt morose sur le plan sportif. Réjean Houle, Vincent Damphousse et Benoît Brunet ont vécu de l'intérieur ce passage à vide du Tricolore ; ce qu'ils en disent aujourd'hui jette un éclairage nouveau sur la situation et permet d'analyser le fil des événements sous un angle inédit.

***

Comme la plupart des joueurs de sa génération, le jeune Réjean Houle priait tous les soirs pour avoir la chance un jour de porter le maillot bleu blanc rouge une fois adulte. Son père, mineur de formation et « pauvre comme la gale », selon l'expression de Houle lui-même, avait économisé pendant des mois pour acheter un téléviseur afin de pouvoir suivre en direct les exploits de légendes comme Maurice Richard. À l'époque, la diffusion des matchs débutait seulement en 2e période parce que la ligue avait peur que les partisans désertent le Forum au profit de la boîte cathodique.

Au milieu des années 1960, les éclaireurs Claude Ruel et Gilles Laperrière font le voyage jusqu'en Abitibi pour demander au père de Réjean Houle la permission d'embaucher le jeune homme. Trop heureux, le père accepte et Houle se retrouve avec le Canadien junior, où il fait ses classes. « On allait au Forum et on croisait des gars comme Toe Blake, Jean Béliveau », se souvient Houle avec nostalgie. Houle joue aussi un temps avec les Voyageurs de Montréal, une équipe de la Ligue américaine. Puis, à la toute dernière année de Jean Béliveau, Houle passe aux ligues majeures et participe à la conquête de la coupe Stanley en tant que joueur remplaçant. « Même s'il y avait des équipes plus fortes que nous, l'objectif a toujours été de gagner la coupe Stanley », dira Houle quand on lui demande de décrire l'ambiance dans le vestiaire à l'époque.

Au total, Réjean Houle remporte cinq championnats en tant que joueur du Canadien.

Les années passent, la carrière de Houle achève et il prend sa retraite en 1983. Ce n'est qu'en 1995 qu'il est de retour dans un rôle actif avec le Canadien. Cette année-là, Ronald Corey lui passe un coup de fil étonnant : il lui demande de remplacer Serge Savard, qui avait atteint le statut de légende vivante au sein du club, en tant que DG.

Pour Houle, c'est une offre impossible à refuser.

« Moi, j'ai toujours servi le Canadien, explique-t-il. Ce jour-là, on m'a demandé de servir mon équipe dans un nouveau poste. Je n'avais pas de planification de carrière : j'ai toujours aidé le club au meilleur de mes connaissances. Alors j'ai accepté. »

A-t-il eu une hésitation étant donné son manque d'expérience ? « Bien sûr, répond-il. Mais c'était certain que j'allais dire oui, malgré le doute. » Et qu'en est-il de sa relation avec Savard et Demers, deux hommes qu'il connaissait et respectait ? « Dans le domaine du hockey, la roue tourne très rapidement. Quand tu prends le siège de quelqu'un, ce n'est jamais évident. Mais il n'y a jamais eu rien de négatif entre nous. On a fait ce qu'on avait à faire dans les circonstances. »

Malheureusement pour Houle, ses efforts ne portent pas de fruits. Hormis une séquence victorieuse de plusieurs matchs en début de règne, le Canadien s'écrase rapidement en séries éliminatoires cette saison-là et la situation se détériore rapidement. Plusieurs joueurs doivent changer de camp : en l'espace de quelques saisons, Pierre Turgeon, Mark Recchi et Vincent Damphousse sont échangés et remplacés par des joueurs qui ne répondent pas aux grandes attentes placées en eux. Le club se met à perdre plus souvent qu'à son tour et rate les séries en 98-99, puis en 99-00, une véritable descente aux enfers qui fait rager à la fois les partisans et les journalistes.

À ce sujet, Réjean Houle ne semble pas du tout amer. Au contraire, il affirme que malgré la tempête à travers laquelle il a guidé son club, les partisans et les médias ont règle générale fait preuve de respect à son égard.

« Que ce soit en politique ou en sport, quand tu ne gagnes pas, c'est normal d'avoir à affronter la critique, explique-t-il. Oui, ça ruait dans les brancards, mais j'ai toujours senti que les gens cherchaient des solutions et préféraient voir les choses de façon positive. Moi, j'ai donné le meilleur de moi-même. Avec l'équipe que j'avais en place, la situation économique et les conventions collectives, si je mets tout ça dans la balance, j'ai donné ce que j'ai pu donner. Quand j'ai quitté mon poste, j'ai fermé les livres pour de bon. Pour moi, tout ça est du passé et je suis heureux de pouvoir agir comme ambassadeur du Canadien aujourd'hui. Mon rôle a changé, mais je suis toujours au service de mon club. »

À propos de Ronald Corey, Réjean Houle n'a que de bons mots. « Les preuves sont là : il a tout fait pour moderniser le club. C'est lui qui a permis au Centre Molson de voir le jour. Quand tu fais le tour de sa carrière et de celle de Serge Savard, tu vois qu'ils ont eu la volonté de travailler pour le bien de l'équipe. Je n'ai jamais vu quelqu'un prendre la pôle pour eux seulement. Tout le monde a toujours mis les intérêts de l'équipe devant les siens. »

***

Vincent Damphousse et Benoît Brunet ont eux aussi vécu de l'intérieur cette période de grands chambardements ayant suivi le départ fracassant de Savard, Demers et Roy. Les deux attaquants gardent des souvenirs très clairs de cette période douloureuse.

Cette saga prend une signification particulière pour Vincent Damphousse, lui qui s'est retrouvé propulsé devant les projecteurs à la suite de sa nomination en 1996 en tant que capitaine à la suite de l'échange de Pierre Turgeon aux Blues.

À l'époque, Damphousse joue au centre et représente l'archétype du gros attaquant de puissance capable de remplir les filets adverses. Selon plusieurs observateurs, c'est exactement le genre de centre robuste et habile que le Canadien n'a jamais eu depuis le milieu des années 1990.

Jeune, Damphousse appartient à cette génération de joueurs qui ne rêvent pas nécessairement de porter à tout prix l'uniforme du Canadien. La belle époque des deux premiers choix francophones aux Canadiens et de l'exclusivité du territoire québécois est révolue depuis longtemps. Les rondes d'expansion successives et l'internationalisation du sport font en sorte qu'une recrue ne peut pas raisonnablement s'attendre à être repêchée par son club favori. « Je voulais simplement être repêché le plus tôt possible, se souvient-il. En tant que compétiteurs, tous les joueurs voulaient sortir en première ronde. » Le souhait de Damphousse devient réalité lorsqu'il est appelé au 6e rang par les Maple Leafs de Toronto, quelques échelons seulement avant le tour du Canadien.

Damphousse connaît un bon début de carrière. Il passe aux Oilers d'Edmonton assez tôt puis, en 1992, des problèmes contractuels font qu'il demande une transaction. Le Canadien se montre intéressé et l'échange est conclu.

Damphousse se trouve dans le cabinet de son frère, un denturologiste, lorsqu'il reçoit l'appel de Pierre Lacroix, son agent. « J'étais supercontent, se rappelle-t-il. Je revenais près de ma famille, de mes amis, et je me joignais à une organisation de prestige. Tous mes proches pourraient assister aux matchs, et pour moi, ça valait beaucoup.» Cette arrivée est d'autant plus appréciée que Damphousse est alors âgé de 24 ans et que ses meilleures années sont devant lui. «J'avais beaucoup d'attentes envers moi-même», dit-il aujourd'hui.

Le jeune joueur est d'autant plus heureux de se joindre au CH qu'il sent que l'équipe a un objectif précis : gagner la coupe Stanley. Étonnamment, il estime que l'organisation qui l'a d'abord repêché, les Maple Leafs, n'avait aucun plan et semblait naviguer à vue, sans direction précise. «À Montréal, tu sentais vraiment l'histoire en entrant dans le vestiaire. Les noms et les photos des gars sur les murs, les coupes Stanley, les membres du Temple de la Renommée… il y avait quelque chose de spécial que Toronto n'avait pas.»

Invité à préciser sa pensée, Damphousse ne passe pas par quatre chemins. «Les Leafs n'ont pas gagné la coupe depuis longtemps, et je pense que c'est un peu à cause de ça. L'équipe manquait de cohérence et avait de la difficulté à s'organiser de haut en bas. La formation n'avait pas d'objectif et on ne sentait pas l'histoire, la tradition du club derrière nous. À Montréal, au contraire, on avait le sentiment de faire partie d'une famille et que la coupe Stanley était à notre portée.»

En entrant dans le vestiaire, Damphousse fait notamment la connaissance de Benoît Brunet, un ailier gauche de gabarit moyen qui a beaucoup de cœur au ventre.

Plus jeune, Brunet ne pensait pas lui non plus se retrouver au sein du Canadien de Montréal. Admissible au repêchage de 1986, il avait rencontré de nombreuses équipes les semaines précédant l'événement — notamment à deux reprises avec les Devils —, mais le Tricolore ne figurait pas parmi celles-ci. Sa surprise est donc totale quand, en deuxième ronde, il entend son nom retentir dans les haut-parleurs du Forum !

«Quel grand moment ! se souvient-il. J'ai grandi en regardant Lafleur, Robinson, Savard, Dryden… J'étais très heureux, surtout que je ne m'y attendais pas du tout.»

Après des saisons 88-89 et 89-90 dans les mineures, Brunet joue quelques matchs en 90-91 puis s'établit en tant que régulier l'année suivante, au moment où Damphousse fait son arrivée. Les deux jeunes attaquants peuvent alors apprécier toute la ferveur qui unit les partisans de leur équipe. Cette passion hors du commun, comprennent-ils rapidement, est directement liée aux performances extraordinaires des joueurs qui les ont précédés.

« La tradition de victoire du Canadien lui a permis de se bâtir une réputation qui se rendait au-delà des simples amateurs de hockey, explique Brunet. C'est devenu une religion au Québec. Encore aujourd'hui, même après le dernier conflit de travail, les vieux de la vieille sont encore dans les gradins. Pour les plus jeunes, c'est devenu un événement d'aller au Centre Bell. Ils n'ont jamais connu une coupe Stanley, alors leur plaisir est différent, mais ils savent l'importance historique de ce club. »

« L'ambiance est vraiment spéciale à Montréal les soirs de match, ajoute-t-il. Même les joueurs adverses nous demandaient comment on faisait pour jouer dans une telle atmosphère chaque soir ! »

Brunet et Damphousse répondent donc avec tout leur talent lorsque Jacques Demers leur fait ce fameux discours de début d'année lors duquel il leur promet une coupe Stanley.

Damphousse se souvient que le club n'était pas du tout favori pour remporter les grands honneurs au début des séries éliminatoires. La plupart des observateurs y voyaient plutôt les Penguins de Pittsburgh, qui étaient alors propulsés par Mario Lemieux et Jaromir Jagr.

Or, dès la première ronde contre Québec, les joueurs du Canadien ont décidé que cette coupe serait à eux, raconte Damphousse. « Ça a été une série très émotive vu la rivalité entre les deux clubs. On a perdu les deux premiers matchs. On s'est regroupé et on a décidé de bâtir là-dessus, de nous relever ensemble. Ça a fonctionné et les séries suivantes ont été assez faciles. »

Damphousse trace un parallèle avec l'histoire des Kings de Los Angeles, champions de la dernière coupe. « Un gardien de but en feu, une confiance solide en nos moyens et un héros différent chaque soir, énumère Damphousse. Tout le monde faisait son travail et comprenait son rôle à la perfection. C'est, je crois, ce que ça prend pour gagner. »

Or, après la conquête survient la descente aux enfers. L'équipe rate les séries en 1994, l'année du lock-out, et le grand ménage survient au début de la saison 1995, comme on l'a vu.

Benoît Brunet se souvient très bien du sentiment de légère panique qui règne au sein de l'équipe à ce moment. « La transition a été difficile, explique-t-il. Veut, veut pas, on avait gagné une coupe avec Jacques derrière le banc et ça voulait dire quelque chose pour nous. Quand Mario est arrivé, il a entendu dire que certains joueurs en menaient trop large dans le vestiaire, et il a voulu mettre fin à ça. Avec Mario, c'était tout noir ou tout blanc. Il n'y avait pas de milieu. Ce changement de philosophie a mené à beaucoup de conflits internes. »

Plusieurs joueurs clés quittent alors l'organisation. Le fameux soir de la contre-performance de Patrick Roy contre les Red Wings, ce n'est qu'une question de temps avant que la marmite explose. « On l'a tous vu venir, comme l'a déjà déclaré Brunet. N'empêche qu'on a tous eu du mal à comprendre la façon dont ça s'est passé. Faire l'échange ainsi en quelques jours… Ça a été difficile. »

Quand le capitaine Pierre Turgeon est échangé à son tour, Mario Tremblay entre dans le vestiaire avant un match contre Détroit et annonce que le prochain joueur à porter le C sur son chandail sera Vincent Damphousse.

« C'était une progression normale pour moi puisque j'étais déjà assistant et que j'étais prêt à assumer ce rôle-là. J'avais une bonne relation avec les gars dans le vestiaire et j'étais dans mes meilleures années sur la glace. »

Vincent Damphousse reste capitaine du CH jusqu'en 1999. Entre-temps, Mario Tremblay est remplacé par Alain Vigneault, qui instaure une nouvelle philosophie dans le club.

Or, puisque l'équipe ne retrouve pas le chemin de la victoire, on décide de l'échanger aux Sharks de San Jose. « Ça a été une très grosse déception, admet Damphousse. J'avais encore de bonnes années devant moi. Mais bon, il y a des situations où les événements sont hors de ton contrôle. Quand l'organisation pense que tu dois partir, tu n'y peux rien. »

Damphousse marque une pause. « Je ne garde pas d'amertume face à ça. Mais j'aurais vraiment aimé finir ma carrière à Montréal. »

***

Les trois porte-couleurs du Canadien s'entendent sur une chose : le retour de la famille Molson en tant que propriétaire du club insuffle une énergie nouvelle à la dynastie. Réjean Houle, qui est aujourd'hui responsable de l'Association des anciens joueurs, est particulièrement enthousiaste par rapport au rôle joué par Geoff Molson dans ce vent de renouveau.

« George Gillett a été correct avec nous, dit-il. Il a connu un succès populaire et financier non négligeable. Il s'est imprégné de notre histoire et de notre culture. Mais l'association entre les Molson et le Canadien est comme naturelle, elle va de soi. »

Depuis l'arrivée de Molson dans le siège du président, les choses semblent avoir changé de façon durable dans l'environnement du Canadien. Benoît Brunet est très bien placé pour observer cette évolution, lui qui fait carrière depuis des années comme analyste à RDS et qui est ainsi appelé à côtoyer les membres de l'équipe sur une base régulière.

Brunet y va d'une anecdote très révélatrice quand on lui demande d'illustrer le principal changement opéré au sein du club depuis l'arrivée de Molson et, surtout, de Marc Bergevin.

« Moi, je n'ai jamais eu de problèmes avec Bob Gainey, commence-t-il par dire. Quand Pierre Gauthier est arrivé, par contre, c'était différent. Il voulait tout contrôler ! Une fois, je me souviens, j'étais dans un ascenseur du Centre Bell avec

Pierre Groulx. On a commencé à jaser de tout et de rien. Eh bien en sortant, il a regardé partout autour de lui pour être certain que personne ne l'avait vu parler avec moi ! Le club empêchait les joueurs et les entraîneurs de parler à des gens de l'extérieur. Même Trevor Timmins n'avait pas le droit de nous parler... c'était vrai même si la discussion ne portait pas sur le hockey, c'est pour dire. »

Brunet indique que la situation a changé du tout au tout depuis l'arrivée de Marc Bergevin dans le siège du conducteur. « Tout le monde est beaucoup plus facile d'approche. »

Tous s'entendent d'ailleurs pour saluer le geste génial de Geoff Molson d'avoir demandé à Serge Savard de l'accompagner dans le choix de son prochain directeur général. Réjean Houle explique que l'association historique entre la famille et l'équipe aide Geoff à prendre les bonnes décisions.

« Pour les Molson, le Canadien est un peu une occasion d'affaires, mais surtout une affaire de cœur, illustre-t-il. Geoff et ses frères ont pratiquement grandi dans l'organisation. Ils considèrent très important que les partisans, les joueurs et les ambassadeurs comme moi soient heureux dans leur rôle respectif. Il y a définitivement eu un tournant depuis l'arrivée de Geoff, puis de Marc Bergevin. »

Brunet n'hésite pas à qualifier d'erreur flagrante la décision de nommer un unilingue anglophone en tant qu'entraîneur-chef. Il n'en veut pas à l'homme qu'est Randy Cunneyworth, mais semble se questionner sur le sérieux de la démarche ayant mené à ce choix.

« Je ne comprends pas encore le congédiement de Jacques Martin, laisse tomber Benoît Brunet. Il m'a déjà dirigé à Ottawa et je sais que c'est un gars capable de bien évaluer le talent qu'il a sous la main. Le choix d'un anglophone était mauvais pour l'équipe, surtout qu'il n'a pas fait la job, au bout du compte. »

Damphousse explique cet épisode par un mouvement de panique survenu au milieu d'une saison qui ne répondait pas aux attentes.

« J'ai l'impression qu'ils avaient choisi de congédier Jacques Martin sans penser à son successeur, dit-il. La première décision était de renvoyer Martin. Après, il fallait le remplacer par quelqu'un. Comme Geoff Molson avait sûrement déjà en tête de congédier Pierre Gauthier, il devait réserver le choix du prochain coach à son successeur. Pour ne pas l'imposer, il devait choisir un entraîneur intérimaire. Le plus sage était de prendre quelqu'un déjà dans l'organisation, et Randy était là. »

L'ancien capitaine refuse toutefois de considérer ce choix comme une erreur. Son point de vue détonne quelque peu. « Je n'ai jamais partagé la politique et le hockey. Souvent, les politiciens vont embarquer dans ces histoires pour se faire des gains personnels. Mais la réalité, c'est que dans une chambre de hockey, ça se passe en anglais. Si tout le monde veut se comprendre, c'est la seule langue universelle. C'est certain qu'il y a un rôle public avec le titre d'entraîneur-chef, mais je trouve malheureux que Cunneyworth ait dû subir autant de critiques. On aurait pu se pencher davantage sur ses compétences en hockey et moins sur sa langue maternelle. »

De son côté, Réjean Houle est tout aussi prudent. Il pèse chacun de ses mots quand on amène le sujet et on le sent hésitant à critiquer une décision dans laquelle il n'a pas été directement impliqué.

« C'est très difficile de se mettre dans les chaussures de quelqu'un d'autre, affirme-t-il. Pour quelqu'un qui vit à l'extérieur du Québec depuis longtemps, comme Pierre Gauthier, c'est plus difficile de comprendre le contexte particulier dans lequel évolue la province depuis quelques années. Savoir ce qui sera bien accepté ou pas devient plus délicat. C'est pour ça que je ne suis pas prêt à jeter la pierre à personne pour cette décision. C'était un geste difficile à poser. »

On s'en souviendra, Réjean Houle a été celui qui était chargé d'organiser la toute première rencontre entre Serge Savard et Geoff Molson à la fin de la dernière saison. Houle fait preuve de modestie quand on l'invite à préciser son rôle.

« J'ai simplement servi mon organisation. Je devais m'arranger pour que Serge et Geoff se rencontrent et se connaissent mieux, pour qu'ils puissent prendre la bonne décision par la suite. » On sent que Réjean Houle est heureux d'avoir pu participer quoique de façon indirecte, à ce vent de renouveau qui souffle sur son club.

« Il est venu me voir à son arrivée au Centre Molson et je l'ai trouvé très ouvert, dit-il au sujet de Bergevin. Il a su s'entourer d'une excellente équipe. Le changement ne se fera pas du jour au lendemain. Il faudra laisser le temps aux jeunes joueurs de faire leur place dans l'organisation, et pour cela, il faudra bien les encadrer. Mais dans les années à venir, je suis persuadé que nous aurons un bon club. Marc a su aller chercher les bonnes personnes pour encadrer les jeunes et les aider à développer leur plein potentiel. »

Le nouveau DG a aussi réuni autour de lui une équipe résolument francophone, ce qui n'est pas pour déplaire. Les Brisebois, Lapointe, Audette et Therrien créeront une ambiance plus agréable pour les francophones que par les années passées.

Il ne faut toutefois pas s'attendre à ce que les joueurs québécois, eux, sautent dans le train du Canadien comme par magie à partir de maintenant. Le fait français n'a en effet que peu d'impact sur leur décision de signer ou non un contrat avec le Tricolore, s'il faut en croire Benoît Brunet.

L'ancien ailier explique que les joueurs de la Belle province sont souvent effrayés par l'idée d'affronter la pression médiatique de Montréal. Il raconte à ce sujet une anecdote révélatrice. « Au début du mois d'août, les joueurs québécois avaient l'habitude de se retrouver à un aréna de Rosemère pour s'entraîner avant le début des camps. Quand on arrivait à la patinoire, il y avait des dizaines de journalistes qui nous attendaient ! Et le lendemain, il y avait une pleine page de reportage dans les journaux. On parle ici d'un entraînement amical avant même le début du camp. C'est quelque chose qui n'arrive pas ailleurs dans la ligue. Les gars de Dallas,

Tampa Bay et Philadelphie ne sont pas habitués à autant d'attention. Je suis convaincu que ça fait peur à plusieurs d'entre eux. Moi, j'ai été habitué rapidement puisque j'ai été repêché par le Canadien. Pas eux.»

Ceci expliquant cela, il ne faut pas se surprendre si des joueurs-vedettes refusent de signer à Montréal quand ils deviennent agents libres, dit Brunet. «Si tu signes un gros contrat et que tu ne produis pas à la hauteur, tu sais que tu vas te faire tomber sur la tomate, explique l'ancien joueur. C'est encore pire si tu es un francophone. Je comprends pourquoi il y en a qui ne veulent pas venir jouer ici.»

Quand on aborde le sujet avec Réjean Houle, celui-ci refuse de jeter la pierre aussi directement aux joueurs. Marchant sur des œufs, il contourne d'abord la question quand on lui demande si les joueurs québécois évitent bel et bien Montréal. «Ah, fudge... laisse-t-il tomber. Je pense que ça dépend des individus.»

Lorsqu'on lui fait remarquer que lui-même, à l'époque, n'aurait jamais refusé d'endosser le dossard bleu blanc rouge comme Daniel Brière, par exemple, il s'ouvre davantage. «On vit dans un monde différent, commence-t-il par dire. Les gens sont plus ouverts à l'internationalisation des marchés. Pour sentir l'appel du Canadien en tant que Québécois, il faut vivre ici. En habitant aux États-Unis, tu perds le fil de ce qui se passe ici. Il ne faut pas non plus négliger l'aspect des impôts... Mais je suis persuadé que les joueurs qui acceptent de venir ici sont plus fiers que quiconque de porter cet uniforme.»

S'il faut en croire Benoît Brunet, une seule chose pourrait renverser la vapeur : une équipe gagnante. «La situation va changer le jour où le Canadien commencera à gagner sur une base régulière», tranche-t-il.

Pour les trois anciens porte-couleurs du Tricolore, l'embauche de Michel Therrien est justement un pas dans la bonne direction.

«Michel revient avec beaucoup plus de maturité, analyse Damphousse. Il a fait des erreurs au début de sa carrière qu'il ne refera pas maintenant. C'est l'avantage de revenir : il y a une expérience nouvelle, des choses que tu as comprises avec le temps. Ça ne s'achète pas. Moi, par exemple, j'étais un meilleur joueur à la fin de la vingtaine qu'en début de carrière. Ce sera pareil pour lui, surtout qu'il a plusieurs bons jeunes dans son club et qu'il sait comment les gérer suite à son passage à Pittsburgh. »

Pour Benoit Brunet, le passage de Therrien dans la Ligue américaine, à Wilkes-Barre, a été un pas en arrière qui lui a permis de sauter plus loin par la suite. « Ça prend du courage pour retourner dans les mineures après avoir goûté à la Ligue nationale. Ça lui a permis de changer sa philosophie. Il méritait cette deuxième chance avec le Canadien. Il sera capable, à mon avis, de discipliner ses joueurs, et pas seulement sur la glace. C'est facile avoir du fun à Montréal quand tu joues pour le CH... »

Naturellement, Réjean Houle n'a que des éloges à l'endroit de Michel Therrien. Fidèle à sa réputation, l'ancien DG ne se prive d'aucun superlatif pour vanter les qualités de l'entraîneur. « Je suis content en maudit de son retour parce que c'est moi qui l'ai engagé la première fois ! » dit-il d'un ton bon enfant.

« Si je l'ai engagé à l'époque, c'est d'abord parce que c'est un homme de hockey qui a du caractère, ajoute-t-il. Le joueur assis devant lui dans son bureau doit être prêt à avoir l'heure juste. Je suis très heureux de son retour, et je ne joue aucun rôle en disant ça. Je le pense. »

Plus de dix ans après la fin de son règne à la barre du Canadien de Montréal, Réjean Houle n'a rien perdu de sa candeur. Certains partisans peuvent garder des souvenirs, disons, mitigés de son passage ; pour sa part, il préfère toujours voir la situation sous un angle positif. C'est donc sans surprise qu'il se dit extrêmement optimiste pour la suite des choses.

« Avec le groupe hockey qui est maintenant en place, je suis persuadé qu'on aura du succès. Mais il faudra être patient. Pas de patience, pas de résultats. Regarde ce qu'ils ont fait à Toronto... »

Réjean Houle, alors directeur général du Canadien, et l'entraîneur-chef
Alain Vigneault font le post mortem d'une saison désastreuse,
celle de 1998-1999.
Photo CP Ryan Remiorz

Chapitre 6

Les journalistes

Il existe une règle non écrite dans le monde des journalistes affectés à la couverture des équipes professionnelles : *No cheering in the press box.* Pas de célébrations sur la galerie de presse. Peu importe quelle équipe l'emporte et de quelle façon, les reporters sont fortement découragés d'y aller de quelque expression de joie que ce soit.

Cette règle est non seulement scrupuleusement respectée par les chroniqueurs sportifs du Québec, elle semble être pour eux une véritable leçon de vie. Bernard Brisset, Réjean Tremblay, François Gagnon, Marc DeFoy et Bertrand Raymond ont peut-être couvert les activités quotidiennes du club pendant des années, voire des décennies, le fait est qu'ils ne sont pas des partisans du Canadien de Montréal au sens strict du terme. Ils éprouvent pour lui du respect, mais sans plus.

Pour eux, couvrir le Canadien, c'est un travail.

On comprendra donc que le point de vue que ces vétérans de la presse écrite ont à offrir est infiniment intéressant. Détachés de l'organisation — sauf dans le cas de Bernard Brisset, qui a été vice-président aux communications du Canadien pendant un certain temps —, ils sont capables de poser un regard objectif et froid sur les performances et décisions de l'équipe. Qui aime bien châtie bien, et ces cinq piliers du journalisme sportif sont encore très appréciés des amateurs purs et durs malgré leur point de vue critique.

C'est ainsi que ces professionnels de l'information peuvent se permettre de dévoiler des renseignements qui, sans être embarrassants, contredisent parfois l'histoire romancée que se font parfois les amateurs trop émotifs.

***

Dès la première question sur le sujet, Réjean Tremblay est catégorique : contrairement à ce que croient plusieurs, Marc Bergevin a failli commettre une bourde monumentale dès son arrivée. Il explique : « Le premier choix de Bergevin pour le poste d'entraîneur-chef n'était pas Michel Therrien, dévoile-t-il. C'était Marc Crawford. Mais Serge Savard a mis son poing sur la table et lui a expliqué que ça prenait un entraîneur francophone et québécois. Puisqu'il y avait un tel rattrapage à faire à ce sujet, Bergevin a écouté et a choisi Therrien. »

On le sait, Réjean Tremblay n'a jamais eu peur d'exprimer directement ses opinions. Ainsi, pour lui, le Canadien de Montréal a volontairement décidé au début de la saison 2004-2005 « d'éradiquer » l'aspect francophone de l'ancienne dynastie.

« Dès l'arrivée de Bob Gainey, c'était un objectif très clair du club, dit-il sans détour. C'était évident pour moi. Des anglophones ont été engagés partout, même dans les mineures. On ne repêchait plus de Québécois. Ils voulaient carrément sortir le français du Centre Bell. » Et pourquoi cette grande purge ? La réponse ne fait pas dans la dentelle : « Ce n'était pas par haine du français, mais dans l'esprit tordu de Bob Gainey, les francophones causent des problèmes avec les médias. Ils parlent trop aux journalistes, et ça fait des problèmes. Donc, il a décidé qu'il n'y en aurait plus. Selon moi, c'était vraiment un geste volontaire, conscient. »

En guise de pièces à conviction supplémentaires, l'auteur de *Lance et compte* cite deux épisodes. Le premier est l'arrivée de Scott Gomez avec le club. « À l'époque, on a fait grand cas du fait qu'il allait apprendre le français, rappelle-t-il. En entrevue et par communiqué, il claironnait qu'il allait prendre des leçons et apprendre rapidement. Où en sommes-nous, aujourd'hui ? Allez donc poser une question en français à Scott Gomez, voir s'il va vous répondre... C'est le même mépris, le même entêtement qu'au temps de Saku Koivu. »

Deuxième preuve avancée par Tremblay : la réaction de Pierre Gauthier au tollé soulevé par le choix de Randy Cunneyworth. « En conférence de presse, il a dit qu'une langue, ça s'apprenait. C'était tellement insultant ! Serge Savard, lui, a compris que pendant 90 ans, le CH s'est servi à bon escient de cet extraordinaire avantage sociopolitique qu'est le fait français. C'est la seule équipe de la Ligue nationale qui est en contact avec une nation entièrement différente. Des gens comme Savard, Sam Pollock et Frank Selke se sont assurés de conserver ce lien entre les 80 % de francophones au Québec et leur équipe de hockey. Il n'y a qu'à Montréal que c'est possible de pouvoir compter sur une nation entière. »

Réjean Tremblay est loin d'être le seul à rendre hommage à Serge Savard pour sa défense du fait français au sein du club.

On le sait, Savard est un fervent fédéraliste. On ne l'appelle pas le Sénateur pour rien. Mais l'ancien DG est aussi un nationaliste convaincu. À ce sujet, Marc DeFoy raconte une histoire savoureuse.

« C'était il y a plusieurs années, quand Serge était directeur-gérant, raconte-t-il. Nous étions à Saint-Boniface, au Manitoba, avec l'équipe, et il y avait un grand souper organisé avec les joueurs et les médias. À la fin de la soirée, Serge nous a dit : "On va aller sur la tombe de Louis Riel (le célèbre chef métis)." Alors on est parti vers le cimetière, moi, lui et André Turbide (alors journaliste à *La Presse*). Il devait être prêt de minuit, le gazon craquait à cause du gel. On est arrivé devant la tombe et Serge a paru ému. Il a fait une pause et a dit : "C'est ici qu'ils nous ont enterrés." Ça montre à quel point il est, dans l'âme, un pur nationaliste. »

Ces deux opinions sont corroborées par Bernard Brisset. L'ancien journaliste devenu haut dirigeant des Nordiques, puis du CH, a Serge Savard en très haute estime. Il lui attribue de grands mérites pour le retour que semble amorcer l'équipe vers ses racines francophones. « Quand on a commencé à parler d'un nouvel entraîneur, Geoff Molson a dit qu'il serait préférable qu'il parle français, affirme-t-il. Mais Serge Savard, lui, a dit que le prochain coach devait parler français. Geoff Molson voit Savard comme une idole, alors il a accepté de l'écouter. »

Concrètement, poursuit Brisset, cette prise de position mène lentement mais sûrement à une espèce de discrimination positive en faveur des francophones. « Larry Robinson a cogné à la porte du Canadien récemment pour offrir ses services, lance-t-il. On lui a préféré Jean-Jacques Daigneault. Je l'aime bien, Jean-Jacques, mais en termes de hockey, comment se compare-t-il à Robinson ? »

Poser la question, c'est y répondre, on imagine.

Brisset est d'ailleurs d'accord pour dire que cette volonté de francisation a de bonnes chances de se traduire par un nombre plus élevé de Québécois sur la glace. Quand on lui demande si Marc Bergevin fera tous les efforts pour y arriver, il répond que c'est « fort possible ». « Son premier geste a été de remplacer Mathieu Darche par Francis Bouillon. Cela dit, moi, personnellement, je n'espère pas qu'il se mette à signer uniquement des agents libres francophones. Il n'y a pas assez de grands joueurs québécois pour faire une bonne équipe. »

De toute façon, s'empresse d'ajouter ce vieux routier des communications, les joueurs québécois ne sont pas intéressés à venir dans le « cirque » qu'est Montréal pour un hockeyeur. À une question sur le refus de Daniel Brière de signer à Montréal il y a quelques années, il répond : « Mais pourquoi il viendrait ici ? A-t-il plus de chance à Montréal qu'à Philadelphie de gagner la coupe Stanley ? Non. A-t-il besoin de se faire achaler par les analystes à chaque séquence de trois matchs sans marquer ? Non plus. Des histoires comme celle de Patrice Brisebois, ça laisse des traces. C'était le meilleur ambassadeur possible pour l'équipe, et il se faisait écœurer chaque soir. Pour un joueur québécois, c'est dur en maudit, Montréal. Le Canadien offre toujours les meilleurs salaires, mais j'en connais qui acceptent 10 % de moins pour aller jouer ailleurs. »

Réjean Tremblay, qui est renommé pour ne pas s'en laisser imposer par ces partisans trop intenses qu'il surnomme « fefans », a une opinion différente. Il plante un dernier clou dans le cercueil quant à la nécessité absolue, à son avis, pour le CH d'avoir en ses rangs des francophones de premier plan.

« Quand je les entends dire : "On pourrait avoir 20 Chinois, pourvu qu'on gagne !"… Heille, c'est ça qu'on avait, l'an dernier, pis ils n'ont pas gagné, les Chinois ! Le Québec est une nation francophone. Le lien entre la société et cette équipe est enrichi de façon extraordinaire par cet aspect. Il ne faut jamais oublier ça. »

François Gagnon semble tout aussi désillusionné. Il affirme qu'aujourd'hui, le Canadien de Montréal n'est plus une grande institution sportive et ne peut pas prétendre jouer dans la même ligue que les Yankees de New York ou Manchester United. « Jadis, le CH était dans une classe à part, concède-t-il. Mais plus aujourd'hui. Le Canadien n'est qu'une des 30 équipes de la ligue. On dit que c'est une grande institution, mais ce n'est plus vrai ! Les épisodes de Gainey et de Gauthier l'ont démontré par mille. C'est rendu une équipe ordinaire qui s'est fait doubler, voire tripler par d'autres clubs pour la qualité de son organisation. »

À son avis, la réaction épidermique des fans à l'arrivée de Cunneyworth était le fait de quelques excités qui ne connaissent pas grand-chose au hockey en dehors du Canadien. « Si le Canadien avait fait les séries, Randy n'aurait pas été congédié », tranche-t-il. Ainsi, le partisan n'aurait pas insisté pour que le coach parle français si l'équipe avait accumulé les victoires sur la glace. « Le partisan du CH n'est pas un connaisseur de hockey, répond-il. Les plans de jeu, il n'en à rien à faire. Le partisan parle avec passion. Quand son équipe bat un mauvais club, il pense que la coupe Stanley est à portée. Quand son équipe perd contre un bon club, il pense que tout le monde est pourri. Le partisan est souvent insensé ! »

Voilà qui a le mérite d'être clair.

Bertrand Raymond n'a peut-être pas une vision aussi tranchée sur les partisans, il n'en reste pas moins qu'il considère lui aussi que le congédiement de Randy a tout à voir avec les performances médiocres de l'équipe, et non avec la langue. « Quand Gauthier a nommé Cunneyworth à Hamilton, c'était dans le but de l'amener à Montréal rapidement, dit-il. Gauthier est un homme américanisé, il n'a plus la sensibilité du Québec. Pour lui, Randy Cunneyworth était l'idée du siècle ! Il n'était pas ici sur une base intérimaire au départ. Même les Molson étaient d'accord, jusqu'à ce qu'ils voient la réaction monstre du public. Mais s'il avait fallu que Cunneyworth se mette à gagner, qu'aurait-il fait ? On ne congédie pas un homme à cause de sa langue, voyons. »

François Gagnon revient d'ailleurs sans se faire prier sur un épisode troublant qui est survenu entre lui et Geoff Molson. « L'an dernier, moi et Marc DeFoy étions à la réunion des gouverneurs de la LNH. À ce moment, on lui a posé des questions pour savoir si tout son personnel était en sécurité. Molson a répondu que oui, et les mots utilisés ne laissaient transparaître aucune ambiguïté. Mais une semaine plus tard, il donnait son assentiment au congédiement de Jacques Martin ! Je l'ai traité de menteur dans le journal. Ça a été difficile entre lui et moi après ça… »

***

Impossible de discuter avec Bernard Brisset sans revenir sur le passé des Glorieux. Il a commencé la couverture quotidienne de l'équipe au début des années 1970, en plein âge d'or. L'époque était très différente d'aujourd'hui, raconte-t-il.

« Il faut se rappeler qu'il n'y avait que trois quotidiens francophones, soit le *Montréal-Matin*, le *Journal de Montréal* et *La Presse*, plus deux anglophones, le *Star* et la *Gazette*, se souvient-il. La vie d'un journaliste était dictée par le fait que tu faisais carrément partie intégrante de l'équipe. La difficulté était exactement le contraire d'aujourd'hui : il fallait apprendre à garder nos distances des joueurs ! On était une force positive pour eux, on voyageait ensemble, on dormait dans les mêmes hôtels. Il fallait être discipliné pour ne pas devenir leurs amis. Il y avait une règle non écrite qui disait qu'on n'allait jamais dans les bars ensemble. C'était la seule distance entre nous et eux. »

Les joueurs ne se méfiaient-ils pas des représentants des médias ? « Il fallait se faire accepter, répond Brisset. Quand ils décidaient que t'étais pas un crosseur, c'était correct. C'est surtout la direction qui se méfiait de nous. C'était le début de l'Association mondiale de hockey et la direction nous voyait presque comme des agents des joueurs. Ils pouvaient se servir de nous pour passer des messages dans les médias. »

Après presque dix ans passés sur le *beat* du Canadien, Brisset occupe différents postes dans les médias et auprès des Nordiques de Québec, où il est responsable des communications. C'est en 1992 qu'il reçoit un appel inattendu de Ronald Corey, qui lui offre le poste de vice-président aux communications. Une offre bien entendu acceptée immédiatement. En entrant au Forum, l'ancien journaliste trouve un climat tout à fait différent que dans les années 1970.

« Les joueurs venaient d'un peu partout, c'était des mercenaires. Ronald Corey s'était quand même arrangé pour que la majorité des joueurs soient francophones. »

À sa toute première année à ce poste prestigieux, Brisset vit un rêve : contre toute attente, le club se fraie un chemin jusqu'en finale de la coupe Stanley à coup de victoires dramatiques en prolongation et parvient à mettre la main sur le précieux trophée en battant Wayne Gretzky et sa bande. «C'était une surprise totale. La saison n'avait pas été glorieuse, on avait perdu les deux premiers matchs contre Québec et plusieurs matchs se sont rendus en prolongation. Mais bon! Il y avait un esprit spécial dans l'équipe, cette année-là.»

Cet esprit n'était certainement pas étranger à la présence d'un certain Patrick Roy dans le club. Comme on le sait, moins de deux ans plus tard, le cerbère quittait Montréal après une dispute épique avec le nouvel entraîneur, Mario Tremblay. «Ça a été, et de loin, ma plus grosse crise avec le Canadien», analyse-t-il aujourd'hui.

Peu avant cette tempête médiatique, Bernard Brisset a aussi eu à gérer le renvoi du tandem Savard-Demers et l'arrivée-surprise de Réjean Houle et Mario Tremblay dans le portrait. À ce sujet, il a d'ailleurs une opinion qui détonne. «Ce n'était pas une grande surprise. Ceux qui étaient proches du club savaient très bien que les joueurs ne répondaient plus à Demers. Ce n'est pas un reproche, mais il a de la difficulté à se renouveler, au sens où c'est un motivateur. Les gars savaient ce qu'il allait dire avant qu'il n'ouvre la bouche.»

«En ce qui concerne Savard, je pense que dans n'importe quelle équipe, il y aurait eu des changements après l'élimination en 1995. N'oublions pas que l'année qui s'amorçait était celle où le Canadien déménageait du Forum au Centre Bell. C'était une question sensible pour plusieurs amateurs. Si, en plus du changement d'adresse, tu connais une saison de cul, tu t'en vas où? Et là, la saison commence, et tu te retrouves avec zéro victoire, quatre défaites. Tu n'as pas le choix de bouger.»

Concernant le choix des remplaçants, Brisset est catégorique: Corey n'avait pas tellement d'options. «Nous étions à la mi-octobre, rappelle-t-il. Qui d'autre était disponible pour diriger le club? Je ne dis pas que Ronald n'a pas fait d'erreur.

Il s'est peut-être surévalué. Mais il a agi par instinct et a assumé ses responsabilités. »

Chose certaine, les journalistes présents à la conférence de presse annonçant l'arrivée de Tremblay et de Houle n'en revenaient tout simplement pas. Bertrand Raymond raconte qu'il était assis près de Red Fisher, le vétéran de la *Gazette*, quand ils les ont vus arriver sur l'estrade. « Fisher s'est tourné vers nous et a dit : *"Tell me I'm dreaming !"* (Dites-moi que je rêve !) »

Selon Marc DeFoy, il est évident que quelque chose se préparait dans le cas de Serge Savard. « Lui ne l'a jamais vu venir, mais on le connaît, il a confiance en lui-même, explique-t-il. Ce que je crois savoir, c'est que la saison précédente, Corey avait demandé à Savard de congédier Demers, et que ça a été refusé. Le torchon brûlait-il entre les deux ? Je ne sais pas, mais c'est certain que leur relation s'effritait. » DeFoy est d'accord avec Brisset pour affirmer que le geste aurait très bien pu être fait durant l'été, et non au tout début de la saison. « J'ai demandé à Ronald pourquoi il avait attendu à l'automne. Sa réponse a été simple. Il m'a dit : "Si je me suis trompé, j'aurai à supporter le poids de mon erreur." »

Le reste, on le sait, fait maintenant partie de l'histoire.

***

Les journalistes sont fondamentalement différents des partisans et des anciens joueurs en cela que leur regard est plus objectif. Même un homme comme Bernard Brisset, qui a pourtant occupé un poste de haute direction avec l'équipe, est capable d'analyser les décisions du club la tête froide. Peut-être est-ce le résultat de toutes ces soirées passées à regarder des matchs qui, à la longue, émaille le lien quasi sacré qui semble unir les simples partisans à leur équipe ? Les trucs de magie deviennent tous moins impressionnants une fois qu'on en connaît les dessous… À force de côtoyer les joueurs et de voir passer les entraîneurs les uns après les autres, il se développe peut-être une forme de lassitude, de réalisme dans l'esprit des scribes.

Les commentaires percutants de François Gagnon sur le partisan moyen du CH en disent long à ce sujet. Il ne les a pas prononcés de façon agressive ou mesquine, au contraire. Mais on devine qu'à l'instar de son ancien collègue de *La Presse* Réjean Tremblay, il en a assez d'un certain type de partisan, celui qui ne raisonne pas et n'obéit qu'à son cœur.

Ainsi, quand on lui demande comment il voit l'avenir du Canadien de Montréal, Gagnon a deux points à faire valoir. Le premier : le creux de l'an dernier ne se transformera pas en conquête de la coupe Stanley à court terme. « L'insuccès se poursuivra, mais ça pourrait changer d'ici trois à quatre ans s'ils évitent de faire des Latendresse et des Ribeiro avec leurs meilleurs jeunes. » Le deuxième : le virage francophone entamé depuis l'arrivée de Marc Bergevin n'est pas garant d'une nouvelle dynastie, même à long terme. « Si le Canadien est encore 15e dans l'Est l'an prochain, laisse-moi te dire que les gens ne l'aimeront pas, Marc Bergevin. Il n'y a pas d'amour particulier entre le fan et le CH. Les partisans n'aiment pas plus ou moins leur club ici qu'à New York avec les Yankees ou qu'à Green Bay avec les Packers. La seule différence, c'est que ces équipes-là gagnent. L'amour inconditionnel du CH, aujourd'hui, c'est du grand vaudeville. C'était justifié en 1970, mais plus aujourd'hui. »

Sans aller aussi loin que son confrère, Marc DeFoy partage cette opinion en ce qui concerne l'avenir sportif immédiat de l'équipe. Pour lui, Bergevin aura droit à une période de grâce de « deux ou trois » ans… sans plus.

« On vient de recommencer un nouveau plan quinquennal. Mais attention, le Canadien part de loin. Ce n'est pas les Kings, ou les Flyers. Il ne faut pas s'attendre à mer et monde. Peut-être que si Galchenyuk (le premier choix prometteur du CH au dernier repêchage) est capable de faire le saut très tôt et de s'affirmer, ça pourrait accélérer le progrès. »

Il prend un moment pour réfléchir, puis ajoute : « Ça va bientôt faire vingt ans que le Canadien a gagné sa dernière coupe, et je n'en vois pas une autre dans les cinq prochaines années. »

Sans s'emballer lui non plus, Réjean Tremblay se dit tout de même satisfait des premiers gestes posés par Bergevin depuis son arrivée à la barre du club. « Quand Gainey a été nommé, j'ai réalisé bien vite qu'il y avait un manque d'intelligence. Dès qu'il a échangé Mike Ribeiro, en fait. Par contre, un gars comme Bergevin, tu vois qu'il est respecté. Il a embauché Rick Dudley, qui est un homme éminemment respecté. L'embauche de Scott Melanby, aussi, un ancien capitaine avec un bon leadership. Il y a aussi le choix de Therrien, qui est un coach exigeant et dur. Vraiment, je trouve que les bons coups s'accumulent rapidement. »

Naturellement, un éventuel retour des Nordiques de Québec contribuerait à l'essor d'une nouvelle énergie au sein du club. Là-dessus, Bertrand Raymond est catégorique : il s'agirait d'un événement bénéfique pour l'équipe montréalaise. « Ce qui a fait le plus mal au Canadien, c'est le départ des Nordiques. Ils ont cessé de s'améliorer à partir de ce moment. Je pense que leur retour rallumera la flamme, et que la rivalité ne sera pas aussi malsaine qu'avant. »

Réjean Tremblay croit lui aussi qu'un éventuel retour des hommes en bleu à Québec a joué dans la balance ces derniers mois. « Il faudrait être naïf pour penser le contraire, répond-il avec sa confiance habituelle quand on lui demande si cette perspective est entrée en ligne de compte dans le choix du tandem Therrien-Bergevin. Il ne faut pas oublier une chose : Geoff Molson est un associé de la firme de communications National, qui est présidée par son frère Andrew. Il n'y a pas plus branché sur le Québec que ces gens-là. Ils font des sondages, ont des spécialistes en tout, cultivent des contacts. Les Molson sont définitivement branchés sur le monde. »

Selon Tremblay, il apparaît donc clair comme de l'eau de roche que le vent souffle en faveur d'un retour de la LNH dans la Vieille capitale et que cette possibilité de plus en plus probable a incité Geoff Molson à entamer dès aujourd'hui un tournant québécois.

Cette vision est toutefois contestée par Bernard Brisset. Celui qui a vécu de l'intérieur l'intense rivalité Québec-Montréal a un point de vue très intéressant sur la question.

« À mon avis, ça n'a pas joué de rôle. D'abord, le retour des Nordiques, ce n'est pas encore fait. Ensuite, on a tendance à magnifier Québec en disant qu'il y avait beaucoup de francophones, mais ce n'est pas vrai. À la fin, il n'y en avait plus, des joueurs québécois. Réjean peut dire ce qu'il veut, c'est la réalité. Le fait québécois n'était pas et ne sera pas plus important pour les Nordiques, s'ils reviennent. »

Tous ont une opinion favorable de Marc Bergevin. Ce n'est pas seulement à cause du rapprochement avec la communauté francophone qu'ils estiment que sa nomination était la bonne chose à faire. Bergevin jouit en effet d'une excellente réputation à travers la Ligue nationale de hockey. Sa carrière de joueur n'a peut-être pas été assez fameuse pour retenir l'attention du grand public, n'empêche qu'il a définitivement fait ses preuves aux yeux des connaisseurs en tant que dirigeant à Chicago.

« C'est le seul joueur à avoir fait 20 ans dans la Ligue sans que personne ne le connaisse chez les fans, rigole Bernard Brisset. Même les initiés ne savaient pas trop qui il était. Ce n'est pas pour rien qu'il était parmi les derniers nommés quand on faisait des sondages d'opinion. Je pense qu'ils ont dû écumer tout le répertoire des Québécois dans la ligue avant de trouver son nom ! Mais trois jours après sa nomination, il faisait l'unanimité. »

Comme plusieurs, Brisset attribue cette popularité à l'*imprimatur* de Serge Savard. « Sans lui, je suis persuadé que les gens se seraient demandé qui était ce bonhomme sorti de nulle part. »

Quand on lui demande si le renouveau actuel est bon signe pour l'avenir du CH, l'ancien VP répond par une boutade. « Ce serait dur de faire pire, on a fini dernier l'an passé ! Cela dit, il fallait que le CH fasse un choix qui reflète le milieu dans lequel il évolue. Nous ne sommes pas à Toronto ou à Chicago, ici. C'est un milieu particulier. En tant que dirigeant, Molson devait faire tout en son pouvoir pour que son entreprise reflète le plus possible la clientèle. »

Quant au choix de Michel Therrien, qui aurait été fait au détriment de Marc Crawford, Brisset dit qu'il s'agit d'une décision destinée à calmer la grogne des partisans. « C'était tellement pourri l'an dernier qu'ils n'avaient pas vraiment le choix, analyse-t-il. Ils se sont dit : "Tant qu'à faire, on va donner un petit plaisir à notre clientèle." Je te garantis que s'il n'y avait pas eu ce souci de la direction d'avoir des francophones à la tête de l'équipe, Michel Therrien ne serait pas entraîneur du Canadien aujourd'hui. »

Une chose est certaine, la direction du Canadien ne sera plus voilée par cette règle de l'omerta qui a caractérisé l'ère Gainey-Gauthier. Quand on note devant Marc DeFoy que Bergevin est d'un naturel spontané et ouvert, le journaliste acquiesce comme s'il s'agissait pour lui d'un soulagement.

« Pierre, ce n'est rien contre lui, mais c'est un *control freak*. Demande-le à ceux qui ont travaillé avec lui, ils te le diront. Il contrôlait tout, tout, tout. » DeFoy confirme de nombreux témoignages. « La première chose qu'il a faite en arrivant en poste, c'est d'interdire à tout le monde de parler aux médias, affirme-t-il. Il n'y avait que lui et Jacques Martin qui le faisaient, et encore, c'était très rare dans son cas. Même la journée du repêchage, il ne laissait pas Trevor Timmins (le chef du recrutement) avoir un droit de parole. Gauthier arrivait avec son petit bout de papier, il récitait son laïus et s'en allait. »

Dès le repêchage 2012, tout a changé, note Marc DeFoy. « Cette année, Timmins nous a parlé avant, pendant et après le repêchage. C'est le jour et la nuit. »

Il n'y a peut-être pas d'enthousiasme immodéré dans la voix du journaliste quand il dit ça — sûrement un relent de la règle du *No cheering in the press box* —, mais on sent qu'il voit chez le Canadien, après des années de morosité, le début d'un temps nouveau.

La voix du Canadien, Pierre Houde, et son analyste, Marc Denis.
Photos courtoisie de RDS.

Chapitre 7

Des noms de passage

L'un des joueurs à avoir été porté aux nues par les journalistes montréalais pour ensuite être traité avec une certaine condescendance a certainement été le gardien de but José Théodore. Arrivé avec l'équipe tout de suite après le déménagement au Centre Molson, le jeune Québécois a appris à la dure comment fonctionnait le paysage médiatique de la métropole.

Être repêché par le Canadien était déjà quelque chose de phénoménal pour lui. Plus jeune, il allait régulièrement au Forum avec ses parents, qui avaient des abonnements. «Je me disais que c'était l'endroit rêvé pour jouer au hockey, explique-t-il aujourd'hui. Après ma sélection, j'ai eu la chance de jouer un match hors-concours au Forum. Quand je suis arrivé sur la glace ce soir-là, j'ai vraiment réalisé que j'étais en train de vivre mon rêve.»

Au début des années 2000, Théodore devient la coqueluche des partisans et des journalistes. On va jusqu'à en faire le digne successeur de Patrick Roy, ce qui donne une idée de l'ampleur des attentes placées sur ses épaules.

Le jeune gardien impressionne à ses débuts. Tellement, en fait, qu'il met la main en 2002 sur les trophées Vézina et

Hart, remis respectivement au meilleur gardien et au joueur le plus utile à son équipe.

« Sur le coup, je ne me suis pas rendu compte de l'ampleur de la chose, se souvient-il. J'étais jeune et innocent. Mais aujourd'hui, à 36 ans, je vois à quel point c'est difficile de gagner ces trophées. Cela dit, même si ça m'a ouvert beaucoup de portes, ça a été un cadeau empoisonné, dans un sens. »

Invité à préciser sa pensée, Théodore confie : « Les standards envers moi sont devenus très, très élevés après cette saison. C'est surtout vrai à Montréal. Les partisans peuvent s'attendre à ce que tu répètes l'exploit la saison d'après. Mais je ne voulais pas seulement être que de passage. Je voulais jouer et dominer longtemps dans la LNH. »

Cette pression a quand même été bénéfique pour lui, ajoute-t-il aussitôt. « Ça m'a poussé à me surpasser, à donner le meilleur de moi-même. C'est vraiment en quittant la ville que j'ai compris ça. Avant, je ne comprenais pas ce que les gens voulaient dire quand on parlait de l'ambiance à Montréal. J'avais grandi là-dedans, pour moi, c'était normal d'être traité en héros quand tu gagnais et d'être hué quand tu perdais. Je peux comprendre que certains joueurs n'aiment pas ça. »

Est-ce cela qui explique le refus de plusieurs Québécois de signer un contrat à Montréal ? « Au final, la passion des partisans est définitivement un facteur positif, précise-t-il. C'est plutôt la couverture des médias qui est négative. Le problème, c'est que tu ne peux pas gagner contre eux. Tu n'as pas de crayon et une tribune pour répliquer. Alors je ne pense pas qu'aucun joueur ne se dit : "Tiens, je vais aller à Montréal pour la belle couverture médiatique." Au contraire. C'est un désavantage. »

***

Puisqu'ils ont évolué dans plusieurs équipes au cours de leur carrière, les anciens entraîneurs du Canadien Alain Vigneault et Claude Julien ont eux aussi un regard critique, mais réaliste, sur le club montréalais. En ce sens, ils sont un peu comme les journalistes : leur recul par rapport à l'équipe et leur connaissance profonde du monde du hockey forgent en eux une opinion différente sur bien des sujets, dont l'aspect francophone du CH.

En discutant avec eux, on se rend bien compte qu'ils ne sont pas de ceux qui, par exemple, se scandalisent du petit nombre de joueurs québécois au sein du Canadien. S'ils comprennent la réaction parfois épidermique des partisans à ce sujet, ils semblent faire passer les succès sur la glace devant la symbolique sociopolitique.

Alain Vigneault est particulièrement éloquent à ce sujet. On s'en souviendra, il a été entraîneur-chef à Montréal à la fin des années 1990, une époque difficile pendant laquelle le nombre de francophones dans l'équipe semblait fondre d'une année à l'autre. « Ce débat-là est très intéressant, commence-t-il par dire. Il existe un phénomène qui fait dire aux gens de Montréal que leur équipe ne repêche pas assez de joueurs francophones. Mais ce qui est drôle, c'est qu'ici, à Vancouver, on entend exactement la même chose ! »

Pour lui, il n'y aurait donc pas grand-chose d'exceptionnel dans les critiques incessantes des amateurs et des journalistes. Tous les mois, il y a un article dans un journal qui critique les Canucks pour son petit nombre de joueurs de la Colombie-Britannique. Ils mettent en doute nos dépisteurs, disent qu'on aurait dû sélectionner Milan Lucic, Shea Weber ou Jason Garrison (qui a signé un contrat avec Vancouver récemment) au repêchage. C'est exactement le même genre de reproches que se fait faire le Canadien. Ce n'est donc pas un phénomène unique à Montréal. »

Vigneault estime que la pression s'accentue surtout lorsqu'un joueur local connait du succès ailleurs. L'exemple de Lucic est éloquent. « On en entendait presque pas parler jusqu'à ce que lui et les Bruins nous battent en sept matchs en finale de la coupe Stanley. Je peux-tu te dire qu'après la défaite, on nous a critiqués pendant longtemps. »

Pour Vigneault, donc, il ne faut pas nécessairement faire toute une histoire avec ces réactions. Il souligne à juste titre que tous les clubs font des erreurs et qu'il est impossible de repêcher tous les joueurs qui se trouvent dans leur cour arrière.

La même prudence s'observe chez Claude Julien quand on aborde avec lui l'aspect linguistique. Celui qui a remporté la coupe avec les Bruins en battant Vigneault sur la glace de Vancouver il y a un an et demi estime que la réaction face à l'embauche de Randy Cunneyworth a été exacerbée par les résultats sur la patinoire.

« On ne lui a donné aucune chance, lance-t-il. Dès son arrivée, la langue est devenue la chose la plus importante. Mais si l'équipe s'était mise à connaître du succès, on aurait probablement oublié tout ça. »

Cela dit, Julien est d'accord pour dire que l'entraîneur-chef du Canadien doit minimalement maîtriser la langue de la majorité. « C'est la langue première des partisans et des médias, rappelle-t-il. Pour être capable de vendre le produit, il faut pouvoir dialoguer avec eux. Je comprends la réaction des gens. N'empêche que si Randy avait pu faire le travail, je suis sûr que tout le monde aurait été heureux. Sur le plan personnel, c'était une situation perdant-perdant pour lui. »

Vigneault abonde dans le même sens. « Moi, quand on m'a engagé à Montréal, j'espère que ce n'était pas à cause de ma langue maternelle. Je crois plutôt qu'ils pensaient que j'étais l'entraîneur qui, d'après eux, pouvait faire le travail à ce moment. C'est la même chose quand je suis arrivé à Vancouver. Il ne faut pas oublier que le plus gros aspect de notre travail demeure de travailler avec les joueurs, pas de parler aux médias. » Il cite son confrère Mike Babcock, un unilingue anglophone, en exemple. « Il est reconnu comme étant l'un des meilleurs entraîneurs de la Ligue nationale. Eh bien, s'il avait été disponible l'été dernier, j'aurais mal compris pourquoi le Canadien aurait refusé de l'engager. »

« À mon avis, termine-t-il, les compétences sportives doivent primer sur le reste. »

Si Julien et Vigneault ont suivi à distance la controverse l'an dernier, il en va tout autrement de Jacques Martin, celui-là même dont le congédiement a mené à toute cette saga. Quand on lui demande s'il a vu venir sa fin avec le Canadien, le Franco-Ontarien ne prend pas plus d'une seconde pour réagir : « Pas du tout. »

Martin explique qu'il croyait avoir sous la main une équipe se dirigeant dans la bonne voie. Il rappelle d'abord qu'il est arrivé avec l'équipe à une époque de grands chambardements, tout de suite après le départ de leaders comme Koivu, Kovalev et Komisarek et l'arrivée de Gionta, Cammalleri et Gomez. Dès la première année, il a mené l'équipe jusqu'en finale de conférence, un exploit qui n'avait pas été réalisé depuis la conquête de 1993. À sa deuxième campagne, malgré des blessures à Josh Gorges et Andrei Markov, l'équipe a progressé, mais a été éliminée lors de la prolongation du septième match contre Boston.

Sa troisième et dernière saison a quant à elle très mal débuté. Dès le départ, l'absence imprévue d'Andrei Markov — supposé être guéri d'une blessure au genou — a fait une brèche dans la défensive de l'équipe. Les défaites se sont succédé en début de campagne et bien vite, le Tricolore devait se battre à chaque match pour garder une distance raisonnable avec le huitième rang de son association.

Quand Pierre Gauthier en a eu assez et a décidé de congédier Martin, le Canadien semblait pourtant être revenu sur la bonne voie. L'équipe avait récolté neuf points dans ses six dernières parties et n'était qu'à une victoire de se qualifier pour les séries éliminatoires. « J'étais en train de relancer le club, plaide Martin. Je m'attendais à faire les séries. J'ai surtout été déçu de ne pas pouvoir finir ce que j'avais commencé. »

Même s'il n'a jamais vu venir son renvoi, Martin dit qu'il a quand même eu un doute quand son adjoint Perry Pearn a été remercié après seulement huit parties. « Je ne comprends pas encore pourquoi c'est arrivé si rapidement, dit-il. Perry faisait un excellent travail. C'est un très bon gars de hockey. »

Quant à l'arrivée de Randy Cunneyworth, Jacques Martin refuse catégoriquement de s'offusquer. Il semble n'avoir que des éloges pour lui, malgré le contexte. «Quand je l'ai engagé comme assistant, il était très à l'aise. Nous l'avions chargé de travailler individuellement avec les joueurs et il remplissait très bien son rôle. Il donnait beaucoup à l'équipe. Je le connaissais déjà puisqu'il a été mon capitaine quand j'étais entraîneur des Sénateurs. Il avait aussi *coaché* à Hamilton, où il avait fait du bon boulot.»

Ce serait mal connaître Jacques Martin que de croire qu'il a sauté dans le train des critiques quand Cunneyworth a été nommé. L'unilinguisme de son ancien assistant n'est pas, pour lui, un aspect dérangeant. «C'était injuste pour lui. Il a été placé dans une situation malheureuse. Il a été nommé la journée même d'une partie. Il faut se mettre dans sa peau pour comprendre.» Martin comprend-il la réaction du public francophone ? «Oui, mais je crois vraiment que si l'équipe avait gagné, il n'y aurait pas eu la même réaction. Disons que les défaites ont exagéré la situation initiale.»

Cela dit, Martin estime qu'idéalement, son remplaçant aurait été bilingue. «C'est normal de s'attendre à ce que l'entraîneur du Canadien soit capable de communiquer dans les deux langues.»

***

Si Jacques Martin caresse le rêve de revenir dans la Ligue nationale («soit directeur général ou entraîneur, mais surtout entraîneur», révèle-t-il), Alain Vigneault et Claude Julien sont déjà eux retournés à la barre d'équipes prestigieuses.

Julien s'apprête à commencer sa sixième campagne avec les Bruins de Boston. «Ça va extrêmement bien. J'ai trouvé une place où je suis confortable, non seulement avec la ville, mais aussi avec la direction. Nous sommes sur la même longueur d'onde et, on ne se le cachera pas, le fait d'avoir gagné une coupe Stanley aide beaucoup à la stabilité.»

Pour avoir vécu les deux côtés de la fameuse rivalité Montréal-Boston, Julien sait à quel point les amateurs peuvent être intenses dans leur passion.

« J'ai vu les deux côtés de la médaille, et oui, je te confirme que les partisans des deux côtés aiment voir leur équipe s'affronter, rigole-t-il. Quand je suis arrivé à Boston, laisse-moi te dire qu'ils m'ont fait revivre cette fameuse série où j'avais surmonté un déficit de 3-1 avec le Canadien ! Moi, j'ai toujours été un partisan du Canadien. Mais quand tu arrives dans une autre ville, tu apprends à "détester" tes adversaires. Je suis un Bruins maintenant, et au moment où on se parle, le Canadien n'est pas vraiment mon équipe préférée (rires). »

Cela étant, l'instructeur-chef des Big Bad Bruins affirme qu'aucune ville ne se compare à Montréal quant à la notoriété des joueurs et membres du personnel. « C'est difficile de sortir discrètement pour aller manger un bon souper quelque part quand tu es un Canadien. » Il a d'ailleurs une anecdote récente en guise d'exemple. « Il y a quelques semaines, je roulais vers Ottawa et je me suis arrêté mettre de l'essence à l'Île-des-Sœurs. Je suis sorti de l'auto peut-être 30 secondes... j'avais 15 paires d'yeux autour de moi qui me regardaient ! Il faut dire que je suis une personne facile à reconnaître. Mais c'est pour montrer à quel point c'est une passion pour les gens d'ici. Ils adorent le hockey, ils adorent leur équipe. À Boston, il y a quatre équipes professionnelles. Ça donne une dynamique très différente de celle de Montréal. »

Julien affirme que pour une personnalité discrète comme lui, cette pression peut être difficile à gérer. « C'est dur de passer incognito, et ça peut rendre les choses plus ardues. Le fait de *coacher* ici ne me dérangeait pas du tout parce que c'est mon travail. Mais je me tenais loin du journal, de la télé et des commentateurs en général. Au final, je crois que je gérais ça très bien. Sauf que c'est très difficile à Montréal de s'éloigner de son travail, de prendre du recul. Tout le monde te parle de hockey, même quand tu vas mettre de l'essence dans ta voiture... »

Alain Vigneault est d'accord avec son collègue. Pour lui, la pression vient du passé glorieux de l'équipe.

« C'est spécial de travailler ici au sens où tu es constamment comparé aux équipes des années 50, 60 et 70, à l'époque où le Canadien gagnait la coupe Stanley toutes les années. Par contre, je crois que toutes les villes canadiennes évoluent dans un contexte spécial. Ça fait sept ans que je suis avec les Canucks et la pression est aussi grande. La seule différence avec Montréal, à mes yeux, c'est au niveau du travail avec les médias. 98 % des entrevues se déroulent en anglais à Vancouver, tandis qu'au Québec il faut dire les choses deux fois. Mais au niveau hockey, le défi est le même, peu importe l'équipe et la ville. »

Vigneault relativise aussi le défi que représente le Tricolore pour un joueur québécois. « Pour un sportif, c'est difficile d'évoluer dans n'importe quelle ville gagnante. Laisse-moi te donner un exemple. Je regardais un match de la NFL entre les Patriots et les Jets l'autre jour. Eh bien, quand Tom Brady manquait quelques passes de suite, il se faisait huer ! Pourtant, combien de Super Bowl a-t-il gagnés pour cette équipe ? Les partisans des dynasties veulent voir leur équipe gagner, et parfois, leur réaction frise l'hystérie, autant positivement que négativement. »

Malgré tout, il ne croit pas qu'il soit plus difficile pour un joueur québécois d'évoluer à Montréal que pour n'importe quel athlète qui joue pour sa ville natale. Pas autant qu'on pourrait le croire, en tout cas.

« Les gars de New York ont de la pression avec les Yankees, et ceux du Texas en ont avec les Cowboys, illustre-t-il. Les joueurs sont censés être capables de bien gérer ça. C'est sûr que pour un Québécois qui évolue aux États-Unis, la couverture médiatique va lui paraître moins imposante. Peut-être que certains n'ont pas envie de sentir cette pression, mais moi, si j'étais un joueur canadien, je ne voudrais pas jouer ailleurs qu'au Canada. »

S'il évolue désormais pour les Panthers de la Floride et que l'heure de la retraite sonnera d'ici quelques saisons, José

Théodore se dit fier de ce qu'il a accompli avec le Canadien. Même s'il porte un uniforme différent et qu'il n'habite plus Montréal, il se dit heureux d'appartenir au club sélect des anciens Canadiens.

« J'ai toujours senti que j'avais ma place à Montréal. C'est flatteur de voir que les gens n'oublient pas ce que tu as fait même si tu joues ailleurs. »

**

Le vent de renouveau qui souffle sur le CH depuis l'arrivée de Marc Bergevin et Michel Therrien fait dire à Alain Vigneault et Claude Julien — des adversaires — que l'équipe peut raisonnablement s'attendre à progresser dans les prochaines années. Vigneault, en particulier, est très heureux de constater qu'on a offert un contrat à Francis Bouillon, qu'il a déjà dirigé.

« À l'époque, Michel Therrien était avec le club-école du Canadien, se souvient-il. C'est lui qui avait poussé auprès de la direction pour qu'on accorde un essai à Francis Bouillon dans les majeures. À voir le résultat, ils ne se sont pas trompés ! Je suis content de voir qu'encore une fois, Michel a ramené Francis à Montréal. C'est un petit joueur au grand cœur. »

De son côté, Claude Julien estime que le lien de confiance entre Bergevin et Therrien déterminera les succès futurs de l'équipe.

« S'il peut bien travailler avec lui, ça ira bien, prévoit-il. Moi, la raison que ça a bien été à Boston jusqu'à présent, c'est que je m'entends bien avec (le DG) Peter Chiarelli. La bonne entente entre un entraîneur-chef et un directeur général est, je crois, l'une des choses les plus importantes dans le succès d'une équipe de hockey. »

L'avenir dira s'il a raison.

Claude Julien, entraîneur-chef des Bruins de Boston,
donne ses dernières instructions. Son club devait l'emporter
sur les Penguins ce jour-là.
Photo AP Gene J. Puskar

Chapitre 8

Trois joueurs deviennent entraîneurs : Lemaire, Tremblay et Carbonneau

Dire que Jacques Lemaire n'apprécie guère la compagnie des journalistes est un euphémisme. En début d'entrevue, on le sent très réservé, sur ses gardes. Il s'ouvre toutefois peu à peu et finit par livrer le fond de sa pensée de façon directe, sans fard. Il ne parle peut-être pas beaucoup, mais quand il le fait, c'est pour la peine. Avec lui, la rectitude politique n'a pas sa place.

La carrière de Lemaire dans le hockey professionnel a commencé à l'époque des «formules C», avant le repêchage. «On regarde ça, aujourd'hui, les montants donnés aux jeunes repêchés... nous, dans le temps, quand on nous demandait si on était intéressé à appartenir au Canadien de Montréal, on disait oui ! Il n'y avait pas d'histoire d'argent. On voulait juste appartenir à l'équipe.»

Un jour qu'il regarde une partie à la télé dans sa résidence de Lachine, Lemaire reçoit l'appel que tous les petits Québécois ont un jour rêvé de recevoir : c'était le Canadien qui lui demandait de se pointer au plus vite au Forum pour le match du soir contre Détroit. «J'ai été joint à 18 h, et le match commençait à 19 h ! se souvient-il. J'ai pris mes affaires et je me suis dépêché. Quand je suis entré dans le vestiaire, tous les gars étaient déjà habillés. Je peux-tu dire que je me sentais comme une petite cenne ! J'étais tellement gêné que je n'osais pas regarder personne. Une chance que Bob Rousseau était assis à côté de moi. Il m'a parlé pour me mettre à l'aise et ça m'a beaucoup aidé. »

Quelques minutes avant le début de la partie, Toe Blake entre dans la chambre pour donner ses dernières instructions. Il ignore royalement la petite recrue qu'est Lemaire. « Aujourd'hui, les entraîneurs vont voir les joueurs, leur donnent la main et leur parlent pour les mettre à l'aise… c'était bien différent dans le temps. Tu faisais ton ouvrage, pis, sinon, tu t'en allais dans les mineures ! »

Une fois la partie débutée, Lemaire est nerveux comme jamais. « Il y a eu une mêlée devant notre banc entre Henri Richard, Jean Béliveau et Gordie Howe, se souvient-il. Je regardais ça et j'avais de la misère à me situer là-dedans. Ces gars-là étaient mes idoles. Je me demandais ce que je faisais là, au juste ! » Vers la fin de la troisième période, alors que le Canadien perd par trois buts, le cœur de la recrue ne fait qu'un tour quand Toe Blake lance : « Jacques, *you're next !* ».

Lemaire se raidit sur le banc. Blake s'approche de lui : « *Not you*, Jacques Laperrière ! » C'était trop beau pour être vrai… Il faut dire qu'à l'époque, il était rare qu'une recrue sans expérience de la Ligue nationale ait la chance de jouer après avoir été rappelée le jour même. Lemaire était surtout là pour remplir un chandail et assurer la relève si un régulier se blessait, ce qui ne s'est pas produit ce soir-là.

Après un passage court, mais difficile au club-école de Houston — il ne parlait pas anglais et il avait de la difficulté à communiquer avec ses coéquipiers et son entraîneur, Lemaire est enfin retenu comme régulier après le camp d'entraînement de 1967. Commence alors une longue et prolifique carrière qui sera couronnée de huit conquêtes de la coupe Stanley en douze ans. « La première a été la plus impressionnante parce que je ne savais pas à quoi m'attendre, décrit-il aujourd'hui. Pour les autres, j'avais le sentiment du devoir accompli. C'est comme si mes coéquipiers et moi avions fait notre travail, tout simplement. À chaque début de saison, notre objectif était de gagner la coupe. »

Après sa retraite à la fin des années 1970, Lemaire est devenu l'adjoint de l'entraîneur-chef Bob Berry. Étonnamment, il jure ne jamais avoir souhaité prendre les commandes de l'équipe à la place de ce dernier. « Ça ne m'a jamais intéressé d'être le *coach* à Montréal, révèle-t-il. Un jour, Serge Savard m'a fait venir dans son bureau et il m'a dit : "C'est toi qui *coaches* à soir." Je n'ai pas eu le choix ! » Devant notre étonnement, Lemaire précise. « Serge m'avait demandé à quelques reprises avant cette journée si j'étais intéressé au poste, et je répondais toujours non. J'étais bien dans mon rôle d'adjoint. Mais bon, finalement, je remercie Serge pour ce qui est arrivé, parce que j'ai eu une belle carrière d'entraîneur. »

Voilà qui va sans dire. À la barre du Canadien, puis du Wild et des Devils, l'ancien joueur a vite été remarqué pour le style de jeu défensif qu'on a surnommé « la trappe ». Plusieurs amateurs se sont plaints, au fil des époques, de cette stratégie ultra-prudente qui impose aux attaquants de se replier rapidement en zone neutre. À ces critiques, Lemaire réplique de façon cinglante. « Quand tu joues au hockey, ce n'est pas la manière qui est importante, c'est la victoire ! dit-il en levant le ton. Si j'avais le droit de faire jouer les gars avec des pelles et que ça me faisait gagner des matchs, je le ferais ! *Coacher*, c'est trouver quelque chose qui va plaire aux joueurs et les amener à la victoire. Un match dure une heure : si tu n'as pas trouvé la façon de mettre ton équipe devant l'autre, ben t'as perdu et tu t'en vas chez vous ! »

On le sait, Guy Lafleur garde un souvenir, disons, mitigé du passage de Lemaire derrière le banc. Le Démon Blond se plaignait de ne pas être assez utilisé, ce qui a longtemps causé des frictions au sein du club.

Encore là, Lemaire n'hésite pas une seule seconde à expliquer pourquoi il agissait ainsi avec son joueur-vedette.

Sa logique est très claire à ce sujet. « Moi, je voulais avoir le maximum de tous mes joueurs. S'il y a du bonheur dans l'ouvrage, le joueur va me donner le meilleur de lui-même. Quand je jouais avec Guy Lafleur, il était heureux comme un enfant dans un magasin de bonbons. Mais quand j'étais entraîneur, pour toutes sortes de raisons qui ne me regardent pas, Guy avait de la misère à donner son maximum. Il n'était plus heureux et ça paraissait dans son jeu. »

Lemaire a donc réduit le temps de glace du joueur étoile, au plus grand déplaisir de ce dernier. « Je demandais à mon équipe de faire certaines choses sur la glace, mais Guy n'écoutait pas. À un moment donné, j'ai senti que je commençais à perdre le respect des autres joueurs. Je ne pouvais pas le laisser faire ce qu'il voulait et demander aux autres de respecter notre plan ! Tu ne peux pas faire passer un individu devant l'équipe. C'est là que son temps de glace a diminué. »

Malgré tout cela, Lemaire n'hésite pas à dire que Lafleur est le joueur le plus talentueux qu'il a eu la chance de côtoyer.

« Il faut comprendre qu'à cette époque, le bateau coulait par l'avant, pas par l'arrière, dit-il au sujet des performances décevantes de ses meilleurs joueurs. J'avais une job à faire. Je devais gagner et prendre les décisions pour y arriver. Je vais toujours dire que Guy était un joueur extraordinaire. Mais à un moment, quand tu commences à faiblir… »

Lemaire rappelle qu'il existait déjà à l'époque une espèce de folie à Montréal autour des joueurs du Canadien. Ce n'était pas toujours facile, pour un représentant du Tricolore, de faire fi de cette pression et de rester au sommet de son art.

Loin de se résorber, ce phénomène a pris de l'ampleur au fil des années. Il pointe du doigt le nombre élevé de représentants des médias dans l'entourage de l'équipe. « Si tu joues à Montréal, tous les yeux seront sur toi, surtout si tu es Québécois. Quand t'as 40 journalistes qui parlent de la même chose tous les jours, il faut sortir des histoires ou des critiques salées pour se démarquer dans les médias. Si t'es toujours positif, personne ne va t'écouter. »

Pour lui, même les joueurs juniors sont conscients de ce tourbillon médiatique. «Leur agent leur dit à quoi s'attendre… c'est la même chose pour les joueurs autonomes québécois. Pourquoi viendraient-ils à Montréal quand ils peuvent faire la même job ailleurs et être moins critiqués ? Les gars ont-ils besoin de ça dans leur vie ? C'est ça que ça donne, avoir trop de journalistes dans une ville.»

Si certains doutaient encore de l'aversion de Lemaire envers les représentants des médias…

**

Quelques années après le départ de Lemaire est survenu le renvoi hâtif de Jacques Demers et l'arrivée de Mario Tremblay derrière le banc. Lui aussi était un ancien porte-couleurs du CH, mais à la différence de l'inventeur de la trappe, il avait été sélectionné lors d'un repêchage universel. «C'est mon père qui avait appelé à la brasserie Molson pour savoir si j'avais été choisi, se souvient celui que l'on surnomme le Bleuet. Moi, je travaillais sur la livraison de bière à l'époque. Quand mon père m'a joint pour me dire que j'avais été repêché en première ronde, j'ai explosé de joie. Même que dans un élan d'euphorie, j'ai garroché une caisse de bière pleine contre le mur ! C'était tellement extraordinaire pour moi…»

Tremblay va jusqu'à dire que son passage au sein du Canadien représente «les plus belles années» de sa vie. «C'était une famille pour moi. J'y suis devenu un homme.»

Après quelques semaines dans le club-école à Halifax, Claude Ruel a appelé le jeune Mario pour qu'il remplace nul autre qu'Henri Richard. «Je me souviens que Claude m'a dit de m'arranger pour ne pas redescendre dans les mineures. Dans ce temps-là, tu pouvais attendre longtemps ta deuxième chance. C'est ce que j'ai fait.» En effet, dès son premier match, contre Boston, Tremblay a enfilé non pas un, mais bien deux buts et est nommé première étoile de la partie !

Au cours d'une carrière de 12 ans, le Bleuet a eu la chance de soulever le trophée de lord Stanley à 5 reprises, une expérience à laquelle on ne s'habitue jamais, confie-t-il. «Chaque coupe a été une jouissance. On était condamné à l'excellence, on devait gagner, alors ça faisait du bien d'y parvenir. On a gagné ces coupes parce qu'on avait un bon club, mais aussi parce que tout le monde laissait son ego en sortant du vestiaire. »

Au contraire de son départ canon, la carrière de Tremblay a fini un peu en queue de poisson. Le joueur est revenu au jeu trop rapidement après une blessure à l'épaule et il a aggravé son cas. Au début du camp d'entraînement de la saison 1986-1987, alors qu'il n'est âgé que de 30 ans, Tremblay annonce à Serge Savard qu'il prend sa retraite.

Tremblay travaille un moment dans les médias jusqu'au jour où, comme le sait, Jacques Demers et Serge Savard sont remerciés par Ronald Corey après un début de saison particulièrement difficile. Le président a appelé le Bleuet et, 24 heures plus tard, ce dernier était officiellement le nouvel entraîneur-chef de l'équipe. A-t-il hésité ? «Non, pas du tout. J'avais joué pour l'équipe, j'étais bien entouré avec des anciens joueurs. Ça a été un défi extraordinaire pour moi. N'eût été de l'histoire de Patrick Roy, je pense que j'aurais pu rester à la barre de l'équipe plus longtemps. »

Parlons-en donc, de cette fameuse histoire entre Tremblay et Roy.

Il faut d'abord préciser que, tout comme le numéro 33, l'ancien entraîneur n'entretient aucun ressentiment. «Le temps arrange bien des choses. On vieillit, on grandit et on passe par-dessus ces choses-là. »

Quand on lui demande tout de même de nous expliquer ses sentiments par rapport à cet épisode sombre de l'histoire de l'équipe, il prend un moment pour bien réfléchir. «Ça a été très malheureux, commence-t-il par dire. Je me suis toujours dit que s'il y avait eu une baie vitrée derrière le banc des joueurs ce soir-là, ça ne se serait pas passé ainsi. »

Tremblay revient lui-même sur la partie contre les Red Wings. « J'ai attendu deux buts de trop avant de le sortir des filets, admet-il. Il n'y a pas de doute là-dessus. Cela dit, ça n'explique pas la réaction de Patrick. « J'ai joué mon dernier match à Montréal », a-t-il lancé aux oreilles de Ronald Corey sous le coup de l'émotion. S'il y avait eu moyen de s'entendre, on aurait eu une meilleure équipe et peut-être qu'on aurait pu gagner une autre coupe. »

On le voit, le Bleuet semble en paix. Toutefois, la crise médiatique alimentée par les journalistes au départ de Roy a visiblement laissé des traces.

« Je suis capable de faire la part des choses. Mais des gars comme Réjean Tremblay et Bertrand Raymond ont tranché et ont pris le bord de Patrick. Ils ont commencé à me critiquer tous les jours, peu importe ce que je faisais. Ils tiraient sur tout ce qui bougeait. Après ma deuxième saison, j'ai dit à Ronald Corey et Réjean Houle que j'en avais assez. Le plaisir au travail était encore là, mais c'était rendu invivable pour moi sur le plan personnel. Tout le monde était malheureux à la maison, ma femme et mes enfants inclus. Ça m'a fait de la peine, mais c'était mieux pour moi de partir. » Est-ce que ses patrons l'ont incité à démissionner ? « Jamais, tranche-t-il. Au contraire, je pense que ma décision les a surpris. »

Tremblay est aussi déçu du sort réservé à Yvan Cournoyer, que certains analystes ont décrit comme incompétent dans le rôle d'assistant-entraîneur. « Encore là, c'est une affaire de journalistes, se désole-t-il. Un joueur a décidé de leur "pisser dans l'oreille", et ils ont écrit ça dans leurs journaux. C'était très malheureux parce qu'Yvan était un bon gars. »

Le Bleuet considère que cet acharnement est souvent injuste. À l'heure des réseaux sociaux, il pense que le traitement réservé à un analyste comme Benoit Brunet est tout à fait disproportionné. Il a suivi la situation de près, lui qui le côtoyait sur une base régulière à RDS. « Il s'agit qu'une personne ne t'aime pas et la réaction en chaîne commence. Moi, je trouvais que Benoit faisait du bon travail. Il connaît bien son hockey et c'est une très bonne personne. Moi, je trouve que c'est une excellente acquisition pour RDS. J'ai beaucoup de plaisir à travailler avec lui.»

Pour avoir connu la vie au New Jersey et au Minnesota en tant qu'adjoint de Jacques Lemaire, Tremblay peut témoigner de la différence culturelle énorme qui sépare ces villes de Montréal. « Il faut être honnête : à Montréal, c'est un zoo, décrit-il. Au New Jersey, il y a deux journalistes aux entraînements. Au Québec, les *christies* de conférence de presse, ça dure 45 minutes ! Il y en a une après chaque match, chaque pratique... ça finit pu ! Pour l'individu, c'est beaucoup plus difficile à gérer à Montréal.»

***

On l'a vu, Jacques Lemaire n'a jamais eu peur d'affronter l'ire de ses joueurs. Pour lui, le respect est primordial au sein d'une équipe de hockey. L'histoire de Guy Lafleur le confirme : c'est un homme droit qui fera tout pour ne pas perdre le respect de son vestiaire. Des décennies plus tard, il n'a pas changé. Lors de son passage avec les Devils, il a ainsi affronté sans hésiter l'un des meilleurs joueurs du monde, Ilya Kovalchuk, pour un accroc au règlement que d'autres auraient laissé passer.

L'entendre raconter cette anecdote est absolument savoureux. Sans s'emporter, Lemaire utilise un ton et un vocabulaire qui ne laissent guère place à interprétation. « Moi, ça me prend des gars disciplinés dans mon équipe, débute-t-il. Ils doivent être à l'heure aux réunions et aux pratiques. C'est facile, arriver à l'heure : tu n'as qu'à partir assez tôt. Un jour, Kovalchuk était en retard pendant que l'équipe attendait dans l'autobus. J'ai dit : "Tant pis pour lui, il prendra un taxi !" Et on est parti en le laissant là. Mais là, avant la partie, j'ai une grave décision à prendre. On parle d'un gros nom ici, du meilleur joueur de l'équipe avec notre gardien. Je fais quoi avec ça, moi ?»

« On était en dernière place, enchaîne Lemaire. J'étais là pour remettre de l'ordre dans la place, et mon attaquant vedette était en retard. Je l'ai pogné, je l'ai amené dans mon bureau et je lui ai dit que la ponctualité était importante pour moi. Il a commencé à dire qu'il avait attrapé du trafic, etc. Je l'ai arrêté en lui disant qu'il me mettait dans la *m... e* [*sic*] devant toute l'équipe. J'ai finalement pris la décision de le laisser jouer ce soir-là, par respect pour son talent. Mais je lui ai dit : "Si tu me fais ça une autre fois, tu restes sur la galerie de presse." Il n'a plus jamais manqué l'autobus ! »

En entraîneur d'expérience, Lemaire savait que la menace d'un retrait de la formation est la plus efficace avec les joueurs de hockey. Chris Nilan avait déjà goûté à cette médecine après avoir raté un dîner immédiatement après un discours sur l'importance de l'esprit d'équipe. Il avait été rayé de l'alignement pour un match à Boston, sa ville natale. « Il criait après moi, me disait qu'il accepterait n'importe quelle punition sauf celle-là... mais je n'avais pas le choix. Si tu laisses passer ce genre de comportements sans rien dire, tes jours en tant qu'entraîneur sont comptés. » Encore une fois, la méthode avait porté des fruits : plus personne n'a raté de dîner d'équipe après cette punition exemplaire.

L'un des joueurs à avoir profité de cette vision bien arrêtée de Lemaire a été Guy Carbonneau.

Carbo n'est pas avare de compliments envers Lemaire. « Je le considère comme l'un des meilleurs coachs au monde. Il a vu quelque chose en moi qui m'a beaucoup fait progresser. »

Après avoir commencé sous les ordres de Bob Berry — il jouait sur une ligne formée de Steve Shutt et Chris Nilan —, Carbo s'est en effet retrouvé aux côtés de Bob Gainey dans un rôle plus défensif quand Lemaire a pris les commandes. « Il a commencé à nous faire tuer les pénalités. C'est là que ça a vraiment décollé pour moi. Avant, dans le junior, j'étais un joueur reconnu pour l'offensive. C'est en début de carrière chez les pros que j'ai commencé à pratiquer un jeu plus défensif. » Étonnant, tout de même, pour un joueur qui allait finir par mettre la main à trois reprises sur le trophée Frank-Selke remis au meilleur attaquant défensif de la LNH...

À la fin des années 1980, quand le capitaine Bob Gainey prend sa retraite, Serge Savard décide de laisser les joueurs voter pour déterminer qui portera le C sur le chandail la saison suivante. Les gagnants sont Guy Carbonneau et Chris Chelios, ex aequo. «Ce système de cocapitaines me plaisait beaucoup, même s'il n'y en a plus beaucoup de nos jours.»

Est-ce que le rôle de capitaine rendait sa tâche de joueur plus difficile? Au contraire. «Je le voyais comme un beau *challenge*. Mon but était de rapprocher les joueurs de l'équipe le plus possible. Dans la vie, il y a des personnes qui prennent des décisions, et d'autres qui les suivent. Il ne faut pas être introverti pour être capitaine. Ça me plaisait bien. Je savais que je ne pouvais pas faire plaisir à tout le monde... mais mon objectif était de plaire à la masse. Quand il y avait un problème, on en parlait et on cherchait des solutions qui étaient satisfaisantes pour tous. À la fin de la journée, nous voulions tous travailler pour le bien de l'équipe.»

Carbonneau a vécu une carrière de rêve. Dans l'univers post-expansion de la LNH, il est parvenu à remporter trois fois la coupe Stanley, soit en 86 et 93 avec le Canadien et en 99 avec les Stars de Dallas. Comme plusieurs joueurs et entraîneurs, il considère que sa toute première conquête est la plus mémorable.

«J'ai toujours dit que c'était la plus spéciale. Ma première réaction, sur la glace, a été de revenir dans le temps. Je repensais à quand j'avais 10 ou 11 ans, aux sacrifices que j'avais faits pour me rendre là, à toutes ces heures que mon père et ma mère ont passé à l'aréna... C'est une belle vie, jouer au hockey, mais ce n'est pas facile. En gagnant la coupe la première fois, tout ça m'est revenu comme un flash.»

À 33 ans, alors qu'il était encore capitaine, Carbo a été échangé aux Blues de St. Louis. À l'époque, plusieurs ont pensé qu'une photographie devenue fameuse, dans laquelle le capitaine faisait un doigt d'honneur à la caméra, a été à la source de ce départ. L'ancien joueur a une version légèrement différente de l'*anecdote*.

« Il faut savoir que la saison avait été difficile pour moi, j'avais une blessure au genou qui avait mis beaucoup de temps à guérir, rappelle-t-il. Mais pour ce qui est de la photo, ça a été un énorme malentendu. »

Pour remettre les choses en contexte, Carbo rappelle que quelques mois plus tôt, Patrick Roy avait dû être opéré pour une appendicite. Dans les journaux, les analystes voyaient cette perte comme quelque chose de terrible. « En tant que capitaine, je suis allé le voir à l'hôpital. Je lui ai dit de ne pas s'en faire, qu'il y avait d'autres joueurs dans l'équipe, qu'on défendrait le fort pendant son absence... Mais quand j'ai dit la même chose aux journaux, ça a été compris comme si j'étais jaloux de Patrick, que je minimisais son importance dans l'équipe. Ça n'avait rien à voir ! »

Tout ça pour dire que le bruit s'est mis à courir que le torchon brûlait entre Carbo et Roy, alors que dans les faits, il n'en était rien.

Après l'élimination hâtive de l'équipe ce printemps-là, Carbo est allé jouer au golf avec Vincent Damphousse et Patrick Roy sur un terrain privé. « Rendus au septième trou, il y avait un caméraman qui voulait nous prendre en photo et nous poser des questions. Patrick a répondu à deux ou trois questions et on est retourné jouer. Rendu au 18e, on a revu un gars qui nous attendait sur le bord du vert avec une caméra. On était tanné de se faire suivre, donc je lui ai dit de s'en aller et je l'ai envoyé promener. Sur le coup, ce n'est pas allé plus loin. On a fini notre partie, on a pris une bière et on est allé au party des joueurs le soir. »

« Le lendemain matin, ma femme m'a réveillé avec le journal dans les mains. La première page était une photo de moi qui envoyait promener le photographe. J'étais fâché parce que l'article qui accompagnait la photo faisait semblant que je faisais un doigt d'honneur à toute la population de Montréal. Comme si je leur disais : "On a perdu en séries, sacrez-nous patience !" Mais dans les faits, c'était un geste, très bref d'ailleurs, contre le photographe. »

On imagine qu'il serait bien d'accord avec Jacques Lemaire pour dire que la pression médiatique montréalaise est parfois carrément insupportable…

S'il ne nie pas que l'épisode du doigt d'honneur a assurément contribué à son départ de Montréal, Carbo rappelle une réalité souvent occultée : il était vice-président de l'association des joueurs dans un contexte de négociations pour le renouvellement de la convention collective. Ce poste — et ce qu'il représente — ne l'a pas aidé à se faire des amis dans la haute direction du Canadien. « Ça a certainement eu un effet. »

Malgré tout, Carbo garde encore une belle relation avec Serge Savard. Ils se voient assez souvent, surtout à l'occasion de tournois de golf et d'événements liés au hockey junior, et c'est toujours un plaisir pour les deux hommes. « On se respecte beaucoup. »

L'ancien capitaine a rapidement trouvé sa nouvelle voie après sa retraite en 2000. Bien vite, il a été nommé assistant-entraîneur du CH aux côtés de Michel Therrien, un rôle qu'il a adoré. « J'ai toujours dit que la deuxième chose la plus amusante après jouer au hockey, c'est d'être derrière le banc ou au deuxième étage. Tu es impliqué dans les décisions quotidiennes, tu peux avoir un impact immédiat sur les résultats d'une équipe. » C'est pourquoi après la fin de son contrat à Montréal, Carbonneau s'est dirigé vers Dallas, où il a trouvé son compte en tant qu'assistant au directeur général.

L'ancien capitaine a été ramené à Montréal par son ancien collègue, Bob Gainey, qui l'a placé dans le siège du conducteur après le renvoi de Claude Julien. Après une première saison au bilan mitigé — le CH a été éliminé au tout dernier match de la saison régulière en perdant contre les Maple Leafs — Carbonneau a réalisé un exploit : son équipe a terminé au premier rang de l'association Est, ce qui ne s'était pas vu depuis les années 1980.

Encore aujourd'hui, l'entraîneur reste humble par rapport à cette réussite. « Honnêtement, je ne m'y attendais pas. On a bien travaillé, on a été un peu chanceux. » Malgré une saison régulière presque parfaite, le rêve a vite tourné au cauchemar rendu en séries. Après avoir difficilement éliminé Boston en sept matchs, l'équipe a rendu les armes en cinq dès la deuxième ronde contre Philadelphie.

La saison 2008-2009 sera la dernière de Carbo en tant qu'entraîneur-chef. Le début de saison se déroule très bien : à Noël, l'équipe est parmi les meneurs de son association. La baisse de régime est toutefois marquée au retour des Fêtes et, bien vite, l'équipe se met à collectionner les défaites. « J'étais conscient de cette baisse, dit Guy Carbonneau. Mais j'étais bien entouré, avec des gars comme Kirk Muller, Doug Jarvis et Roland Melançon, et on sentait une belle progression. On savait pourquoi on perdait et nos discussions nous amenaient dans la bonne direction. »

Il dit n'avoir jamais vu venir son congédiement, survenu quelques semaines avant la fin de la saison régulière. « Jamais Bob Gainey ne m'a fait venir dans son bureau pour me dire que ça ne fonctionnait plus. Pour avoir du succès, tu dois nécessairement passer par une baisse de régime : ça t'apprend sur qui tu peux compter dans ton équipe. Comme c'était la première fois que l'équipe allait mal, je ne pensais pas que ce serait la fin pour moi. Mon renvoi reste toujours mystérieux aujourd'hui. »

***

La nouvelle ère qui s'est amorcée au sein du Tricolore cette année semble plaire aux trois anciens entraîneurs.

Carbonneau, en particulier, considère que le monde du hockey ne se prêtait plus à la gestion opaque, voire autarcique, pratiquée par le tandem Gainey-Gauthier. « C'est rendu une business trop grande pour qu'un homme seul prenne les décisions. Tu dois penser à toutes les répercussions qu'auront tes gestes. C'est pour ça que je ne comprends pas que le Canadien a pu se laisser prendre dans la situation qui a suivi le renvoi de Jacques Martin. Quand Randy Cunneyworth est arrivé, tout ce qu'ils avaient à faire, c'était de lui apprendre quelques phrases de français avant la conférence de presse. Comment ont-ils pu laisser aller ça ?»

Toutefois, Guy Carbonneau ne s'en cache pas : il aurait aimé être choisi pour revenir derrière le banc de l'équipe. Il a même été reçu en entrevue avec Marc Bergevin et Serge Savard. Il est conscient malgré tout que le peu de temps qui s'est écoulé depuis son premier passage lui a nui. Il se dit d'ailleurs d'accord avec le retour de Michel Therrien. «C'est une bonne affaire qu'il revienne ici. Il connaît tous les rouages de l'équipe et de la dynamique médiatique. Ce n'est pas un poste facile, mais il est bien préparé et sait à quoi s'attendre. C'est un très bon choix.» Pas de jalousie, donc, chez Carbo.

Jacques Lemaire croit lui aussi que l'équipe est revenue dans la bonne voie en procédant aux changements que l'on connaît.

«L'orientation est la bonne, analyse-t-il. Le Canadien a fait du bel ouvrage cet été. Je suis très content que les Molson soient revenus. Ça va donner de la stabilité. Pour Bergevin, je ne le connais pas assez pour décrire son style, mais je sais qu'il a un bon bagage avec lui.»

Lemaire est surtout inquiet de l'accueil que réservera le public à la nouvelle administration advenant le cas où l'équipe ne connaîtrait pas du succès dès les premières semaines. «Il va falloir que le monde la laisse travailler ! prévient-il. Idem pour Michel Therrien. S'il met un joueur sur le banc un soir et qu'il se fait crucifier dans les journaux le lendemain, ce sera très difficile.»

On ne peut qu'être d'accord avec lui.

Chapitre 9

Le Canadien à la télé

Les samedis soir n'ont jamais plus été les mêmes au Québec à partir de 1952. Avec l'arrivée de la télévision naissait un phénomène qui allait réunir toutes les familles dans les chaumières, tant urbaines que rurales : *La Soirée du hockey.* Cet événement télévisuel fascinait tellement les Québécois qu'on disait que les rues de Montréal étaient pratiquement désertes dès le début du match. Certains restaurants fermaient leurs portes, les cinémas étaient à moitié vides. Le hockey du samedi soir devenait une tradition transmise de père en fils et du coup, le Canadien faisait l'objet de l'engouement massif d'un public passionné et indéfectible.

La Soirée du hockey fut l'émission sportive de télévision diffusée le plus longtemps en Amérique du Nord, soit 51 ans. Un homme allait s'illustrer et paver la voie à toutes les générations futures de descripteurs, tant à la radio qu'à la télé : René Lecavalier. Véritable pionnier, modèle de professionnalisme, un véritable maître dont les talents de communicateur naturel faisaient l'unanimité, Lecavalier savait toujours trouver le mot juste et transmettait sa passion du jeu avec un flair et une émotion contrôlée sans jamais tomber dans la partisanerie excessive. À ses côtés, pour ajouter des commentaires et mettre de la couleur, se trouvait, jusqu'en 1971, Jean-Maurice Bailly. Il osait parfois émettre des opinions pas toujours favorables à l'endroit de l'organisation. C'est pourquoi on voulait lui trouver un remplaçant. Un successeur tout désigné s'est alors pointé en la personne de Gilles Tremblay, le premier véritable *joueurnaliste*. « Quand j'ai laissé le jeu, on m'a payé une année de salaire à ne rien faire, parce qu'on ne savait pas si j'étais pour revenir ou non, m'envoyant un peu partout aux États-Unis pour me soigner. » Gilles Tremblay se fait diplomate et évite de reprocher à l'organisation d'avoir contribué à sa retraite prématurée en ne prenant pas toutes les précautions nécessaires quant à ses problèmes médicaux. « La direction du Canadien s'est sentie coupable de l'avoir brûlé, donc ils l'ont embauché pour remplacer Jean-Maurice Bailly. » C'est Pierre Bouchard qui s'exprime ainsi, affirmant tenir de sources fiables cette information qui a longtemps couru dans l'entourage de l'équipe. L'ex-défenseur du Canadien, fils du célèbre Émile « Butch » Bouchard (le dernier grand joueur à avoir été honoré lors des célébrations du centenaire du club), deviendra lui-même commentateur aux matchs du Canadien sur les ondes de Radio-Canada d'abord et de TQS ensuite pendant quelques saisons.

Tremblay a approché sa deuxième carrière avec prudence, conscient qu'il était de s'avancer en terrain inconnu. « J'avais des doutes, mais en même temps j'étais confiant, car je savais de quoi je parlais. Ma crainte principale était sur le plan linguistique : allais-je trouver les mots appropriés en français ? » Très vite, Lecavalier a rassuré son nouveau partenaire. « Au début, j'étais quelque peu nerveux de travailler à ses côtés, mais il m'a mis à l'aise. Je le voyais qui prenait des notes durant les temps d'arrêt et il me les remettait par la suite. Il me disait : Gilles, fais attention aux règles de base, au masculin et au féminin, ainsi de suite. Son meilleur conseil fut de me dire : enregistre-toi, écoute-toi ensuite, et tu seras capable de te corriger toi-même. »

Gilles Tremblay aura travaillé près de trente ans à *La Soirée du hockey*. « Je retiens de ma carrière à la télé qu'il faut toujours donner son maximum, et plutôt que de dire une bêtise dans le feu de l'action, il vaut mieux attendre la reprise pour dire quelque chose d'intelligent ; le public est en droit de s'attendre au meilleur. » On ne sent aucune amertume dans sa voix quand il revient sur sa carrière, entièrement consacrée au Canadien. Et les raisons ne manqueraient pas pour se plaindre dans son cas, à commencer par les salaires ridicules de son époque comparés à ceux d'aujourd'hui. « J'ai gagné quatre coupes Stanley, mais j'ai seulement deux bagues. L'argent était tellement rare dans ce temps-là que j'ai dû payer une de mes bagues 85 $. » Et l'analyste ne peut s'empêcher d'émettre un dernier commentaire, sur la situation de l'équipe en 2012. « Si Molson veut avoir du succès et avoir la foule continuellement derrière l'équipe pour lui pousser dans le dos même dans les mauvais moments, ce qu'il faut faire c'est d'engager le plus grand nombre possible de gars d'expression française, développer au maximum des joueurs d'origine québécoise. »

Parce qu'elle était diffusée sur les ondes de la société d'État, donc offerte gratuitement et accessible sur tout le territoire national, *La Soirée du hockey* aura connu le succès que l'on sait. La situation est fort différente maintenant, car les droits de télédiffusion des matchs du Canadien appartiennent désormais en exclusivité à RDS, un réseau spécialisé de sports et offert aux abonnés de la câblodistribution. À Radio-Canada, le hockey n'occupait que la grille-horaire du samedi soir (plus quelques matchs occasionnellement en semaine) ; RDS offre de son côté les 82 matchs du calendrier annuel avec en prime quelques affrontements d'avant-saison et, bien sûr, les parties des séries éliminatoires. L'entente qui lie RDS au Canadien prendra fin après la saison 2013-2014. On va donc devoir renégocier un nouveau contrat avec à la fois le Canadien et la Ligue nationale. Gerry Frappier, le numéro un chez RDS, dit avoir confiance que le partenariat actuel se poursuivra. Et il n'est plus question d'impliquer Radio-Canada pour partager les matchs du samedi soir sur les deux réseaux. « La perte du hockey a poussé Radio-Canada à une réflexion sur son mandat ; le sport a maintenant une importance moindre dans sa programmation. » D'ailleurs, à la fin des deux années d'entente entre RDS et la SRC pour la codiffusion des matchs du samedi soir, le public n'a déposé aucune plainte auprès du Réseau des sports. La tradition du hockey du samedi soir est donc bel et bien chose du passé à la télévision d'état. Quant aux cotes d'écoute sur RDS, elles ont constamment progressé, passant d'une moyenne d'environ 400 000 téléspectateurs par match en 2001 à 700 000 en 2004. Certaines parties franchissent même le cap du million, ce qui fait du hockey la diffusion la plus rentable au Réseau des sports.

C'est Pierre Houde qui décrit toutes les joutes du Canadien à l'antenne du Réseau des sports. « Quand RDS a obtenu ses premiers matchs de hockey en 1989, on en faisait très peu ; sur une quarantaine de parties à l'antenne, une douzaine seulement mettaient en vedette le Canadien ». Houde est allé à la bonne école, Radio-Canada lui ayant ouvert ses portes au service des sports, alors dirigé par Yvon Giguère. Choqué de voir son poulain laisser la SRC pour rejoindre le réseau rival, Giguère a délégué Julien Dion, le réalisateur le plus coloré du service des sports et celui qui avait amené Houde à Radio-Canada, donc un bon ami, pour le convaincre de refuser l'offre de RDS. En vain ! « Devant mes arguments et mon irrévocable décision, Julien s'est exclamé : je devrais peut-être partir moi aussi ! »

Le 16 octobre 1989, Houde décrivait son premier match du Canadien, qui affrontait ce soir-là les Capitals de Washington au vieux Forum. « J'étais terrorisé, non pas que je doutais de mes capacités, mais plutôt parce que je craignais la réaction des journalistes et du public en général. Le lendemain matin, André Thurbide nous a fait une critique élogieuse dans *La Presse*, suivi d'un sondage de Mario Brisebois du *Journal de Montréal* qui nous a placés loin en avant. Ces deux leviers nous ont réconfortés.» Pierre Houde mérite amplement les éloges qui lui sont adressés quasi unanimement. Il a bien connu René Lecavalier, avec qui il a collaboré durant les Jeux olympiques de 1984 à Los Angeles. Évidemment, il ne cache pas son admiration à l'endroit du «grand maître», conscient que tous les descripteurs de hockey à la télé québécoise sont constamment comparés à celui qui fut le chef de file dans le domaine. «Le plus beau compliment qu'on me fait, c'est quand on me dit que je suis à l'ère contemporaine ce que René Lecavalier était à la sienne. Ce que je retiens de ces maîtres, c'est l'amplitude de leur talent, ce qu'ils projetaient, une expertise et une compétence hors pair.»

On reproche souvent aux journalistes affectés à la couverture d'une équipe de sport professionnel leur manque d'objectivité ou leur partisanerie, parfois trop évidents. Assez étrangement, Pierre Houde, bien qu'ayant grandi à Montréal, n'était pas alors un inconditionnel du Canadien. «J'étais partisan des Maple Leafs, quand j'étais petit gars ; je voulais avoir mon identité propre et me distinguer de mon grand frère qui était, lui, partisan du Canadien.» Les choses ont bien changé depuis et Houde n'est évidemment plus un fan des éternels rivaux torontois. Le fait qu'il soit la voix du Canadien à la télé ne signifie pas pour autant qu'il en perd son sens critique. N'allez surtout pas lui dire qu'on lui dicte une ligne de pensée. «En 23 ans de travail à RDS, jamais mes patrons ne m'ont imposé quoi que ce soit, tant sur le contenu que sur la forme. Ni la direction du Canadien.» Ce qui ne veut pas dire pour autant qu'il sente le besoin de commenter les décisions concernant les orientations de l'équipe. Ainsi, durant la tourmente qui a entouré le renvoi de Jacques Martin et la nomination de son successeur unilingue anglophone, Randy Cunneyworth, Houde n'a jamais abordé le sujet durant les matchs subséquents. «Mon rôle n'est pas d'émettre des opinions ; ce qui ne veut pas dire que je n'ai pas d'opinions. Mais je dois m'en tenir à la description.»

Il devient émotif cependant quand on aborde avec lui la question de ses partenaires de travail. Le cas de Benoît Brunet le touche particulièrement. Brunet a été son analyste pendant plusieurs années jusqu'à ce que la direction de RDS décide de le réaffecter à un rôle de commentateur entre les périodes. Houde maintient qu'il n'a jamais été consulté pour ce changement et il se dit désolé pour celui qu'il considère encore comme un excellent communicateur en plus d'être un bon ami. « J'ai toujours été un promoteur de Benoît ; je pense encore qu'il est un excellent analyste de la *game*. Pat Burns, qui l'a bien connu et dirigé chez les juniors et avec le Canadien, disait de lui qu'il était l'un des joueurs les plus intelligents sur la glace. J'ai toujours pensé la même chose et en plus, il s'exprime relativement bien. La première critique négative à son endroit — je pense que c'était celle de Réjean Tremblay dans *La Presse* — je l'ai prise personnelle, comme si elle s'adressait à moi. Dans les circonstances, j'ai trouvé Benoît extrêmement courageux. Personne n'aime se faire critiquer. Benoît a une couenne que moi je n'ai pas ; porter les couleurs du Canadien, ça forme un caractère ; la critique, comme les huées. Je présume que ça lui a donné une force intérieure. »

Le vétéran journaliste approche la soixantaine et il ne semble pas vouloir ralentir, lui qui aime bien piloter son propre petit avion comme passe-temps. Le petit gars d'Ahuntsic est encore animé d'un enthousiasme juvénile face à son métier et à la vie en général. « René (Lecavalier) disait : nourrissez votre faculté d'émerveillement, et je suis extrêmement reconnaissant à la vie de m'avoir donné la chance de faire ce métier-là, qui m'émerveille encore. » Quant à l'avenir immédiat du Canadien, qu'il envisage évidemment d'un bon œil grâce surtout à la lune de miel qui entoure l'arrivée de Marc Bergevin et sa nouvelle équipe, il accepte de partager son opinion, délaissant l'espace d'un instant son rôle restreint de simple descripteur. « Si Marc Bergevin et toute l'organisation demeurent transparents, font preuve d'humilité, d'ouverture, de disponibilité, alors la lune de miel va durer. »

***

Le cas de Benoît Brunet soulève bien des questions. Voilà un *joueurnaliste* de la génération suivant celle de Gilles Tremblay et Pierre Bouchard, donc qui a eu des modèles pour s'inspirer. Sa compétence ne fait aucun doute ; il a évolué suffisamment longtemps dans la Ligue nationale pour bien connaître toutes les facettes du jeu. Pourtant, la direction de RDS a jugé bon le remplacer par un autre ancien joueur, un peu plus jeune, pour agir comme analyste aux côtés de Pierre Houde lors de tous les matchs du Canadien. Le rôle de Benoît se limite maintenant aux commentaires entre les périodes et après le match. « Y a des gens qui pensent que je suis amer face à cette décision ; mais pas du tout. Je suis heureux dans le poste que j'occupe présentement.» Quand on lui demande le pourquoi de ce changement d'affectation, il refuse d'en dire plus.

Nombreux sont ceux qui pensent que les critiques répétées de la part d'un bon nombre de téléspectateurs et de certains membres des médias à l'endroit de Brunet sont à l'origine de sa relégation à un rôle en apparence moins prestigieux. Dans plusieurs de ses commentaires alors qu'il était chroniqueur à *La Presse*, Réjean Tremblay ne s'est pas gêné pour dénigrer le travail de l'analyste tant sur le plan de la forme que sur celui du contenu. « Je trouvais abrutissants certains de ses commentaires. Par exemple, quand un joueur se faisait rentrer tête première dans la bande, il blâmait le joueur en disant qu'il ne s'était pas protégé. Il avait le don de transférer la responsabilité d'une mise en échec non pas sur le gorille, mais sur sa victime. C'était dépassé et pernicieux. Et je trouvais aussi que son français était déficient.» « Je n'ai jamais parlé à Réjean, se contente de rétorquer Brunet. Il ne me l'a jamais dit directement. J'ai toujours pensé que j'ai fait mon travail correctement et honnêtement. Ça fait partie du hockey ; se faire frapper la tête basse.»

Les propos de Réjean Tremblay ont-ils contribué à la décision des dirigeants du Réseau des sports ? Il est de notoriété publique que le chroniqueur et Gerry Frappier, le grand patron de RDS, se connaissent bien et se côtoient socialement. « J'ai su la nouvelle de la réaffectation de Benoît un mois avant qu'elle ne devienne officielle lors d'un souper avec Gerry Frappier et Marcel Aubut parce que ça impliquait Marc Denis des Saguenéens de Chicoutimi. Mais on ne m'a jamais dit quelle était la raison de cette décision. Les gens de RDS sont des grands garçons ; ce n'est pas l'opinion d'un *columnist* qui va faire une différence. » Gerry Frappier abonde dans le même sens. « On a tout simplement voulu confier à Benoît un rôle qui accentue ses forces et ses compétences. »

Benoît Brunet ne se laisse pas distraire par toute cette controverse. La vie continue ; il se dit plus heureux que jamais dans ses nouvelles fonctions. « Je vais continuer à donner mon opinion comme je le faisais avant. Je ne voyage plus, j'ai du temps à passer avec mes enfants. Je couche à la maison tous les soirs, ma femme est contente. Tout le monde est heureux. J'ai trois adolescentes, je peux m'en occuper. Ce qui m'inquiétait le plus, c'était leur réaction ; moi je suis capable d'en prendre. Et ma femme en a vu d'autres, depuis 23 ans qu'elle me connaît. »

La réflexion de Pierre Bouchard sur toute cette affaire rejoint l'opinion de plusieurs.

« Un total de 82 matchs, pour le descripteur, ça peut aller, mais c'est beaucoup trop pour l'analyste. Pierre Houde est excellent, mais Benoît s'est fait critiquer injustement ; là, il va bien et fait du bon travail entre les périodes ; en plus, il touche probablement un meilleur salaire. »

Ce qui nous amène à Marc Denis. Il fut le premier choix au repêchage des anciens Nordiques en 1995 avant d'être échangé à Columbus par l'Avalanche, puis à Tampa Bay. Il paraphera finalement un contrat d'un an avec le Canadien pour terminer sa carrière à Montréal dans la LNH, où il n'aura joué qu'une seule période. Marc est représentatif de la jeune génération de hockeyeurs québécois. Sûr de lui, sans être pour autant arrogant, il a confiance en ses moyens, même sur le plan linguistique, au contraire de Gilles Tremblay et Benoît Brunet. « Au début, j'essayais peut-être à outrance de bien parler ; j'étais robotisé. J'apporte les efforts qu'il faut pour que mon français soit à la hauteur. C'est d'ailleurs comme ça chez nous à la maison avec les enfants. »

Ils sont nombreux les joueurs de hockey qui rêvent d'une deuxième carrière dans les médias après avoir accroché leurs patins. Rares sont ceux qui y arrivent ; encore plus rares ceux qui y excellent. « Je savais que j'avais des possibilités en communications ; j'étais conscient qu'après une carrière de 12 ans comme joueur actif, je voulais demeurer dans le monde du sport. Quand l'offre de RDS est arrivée ; je ne pouvais pas la laisser passer ; c'est un travail exigeant, qui demande beaucoup de rigueur, mais je ne me suis jamais mis à genoux pour avoir cette job-là. »

La transition de Benoît à Marc s'est faite en douceur. Aucune animosité entre les deux ; une totale collaboration qui semble sincère et spontanée. « Dans toute cette situation, Benoît a été un de mes plus grands supporteurs, j'espère qu'il l'est encore. Il m'a pointé dans la bonne direction et il m'a mis en garde contre certains pièges ; j'avais besoin d'être aiguillé, et notre relation est excellente. Benoît est un gars qui se tient debout, il a des opinions tranchées et il les assume ; j'avais besoin de son mentorat pour me forger ma propre identité. Benoît a été critiqué trop souvent à tort, c'était peut-être une situation de non-retour. Aucun jeu de coulisses, les patrons n'avaient peut-être plus le choix. »

Sa philosophie est à la fois simple et lucide ; il fait preuve de beaucoup de maturité. « Je suis conscient que j'occupe un siège éjectable ; espérons que je pourrai cacher le bouton assez longtemps. Je n'ai pas la prétention d'être rendu où je veux, d'être le meilleur, mais j'ai toujours l'intention de m'améliorer, de progresser. Je sais maintenant qu'il faut être préparé, que la rigueur est nécessaire. Jamais de potins inutiles, que des faits. »

Elle est longue la liste des analystes au hockey qui sont d'anciens gardiens de but : Kelly Hrudey, Glenn Healy, Greg Millen et Kevin Weekes à la CBC ; Brian Hayward et Darren Pang sur NBC (John Davidson en 2006). En français, Robert Sauvé pendant quelques années à la SRC. Maintenant sur RDS, Patrick Lalime et Marc Denis.

« Les gardiens de but deviennent de bons analystes, car c'est dans leur nature d'analyser les systèmes de jeux, les forces et faiblesses des attaquants, et ils ont le meilleur siège sur la glace. C'est donc une déformation professionnelle. »

Alors que Pierre Houde préfère s'abstenir d'émettre des opinions dans le cadre de son travail de descripteur des matchs du Canadien, Marc Denis lui n'hésite pas à le faire, ajoutant même qu'il faut se méfier de ne pas tomber dans la démagogie, car il reconnaît qu'il est trop facile de dire ce que le téléspectateur veut entendre. Sur la nomination de Cunneyworth comme entraîneur-chef, il n'y est pas allé avec le dos de la cuillère dans son commentaire.

« Je me rappelle m'être trouvé dans un taxi en compagnie de joueurs quand le communiqué est sorti ; et la panique était évidente. C'était une mauvaise décision, je ne me suis pas gêné pour le dire. Ce que j'observais, c'est qu'il y avait une scission évidente, une brisure dans la ligne directrice ; on n'était pas conséquent de haut en bas dans la direction du Canadien. On constatait que cette décision n'était pas partagée par tout le monde dans l'organisation du club. C'est pourquoi j'ai salué également le congédiement de Pierre Gauthier et l'embauche de Marc Bergevin, car ce sont des gestes cohérents. »

L'assurance exhibée par Marc Denis découle de sa fierté profonde de s'inscrire dans la lignée de tous ceux qui l'ont précédé dans la glorieuse histoire du club de hockey dont il est appelé à analyser les exploits, aussi peu nombreux fussent-ils par les temps qui courent.

« Le Canadien fait partie des mœurs ici ; il a marqué à travers l'histoire l'identité des Québécois. C'est ce qui nous identifie comme gaulois de l'ère moderne. »

On ne saurait parler du Canadien à la télé sans mentionner le travail du chef d'antenne, le maître de jeu en quelque sorte, Alain Crête. Animateur chevronné, il remplit son rôle avec tact et une expertise discrète, sans jamais empiéter sur le terrain des invités qui occupent les sièges d'analystes-critiques. Originaire de Québec, il a fait ses premières armes en décrivant les matchs des Nordiques, ce qui lui permet de garder une certaine distance par rapport au Canadien. Crête possède cette qualité essentielle à tout commentateur désireux de faire preuve d'objectivité concernant les événements qu'il est appelé à décrire : la crédibilité. Il est en plein contrôle de ses émotions, ne s'enthousiasmant pas trop quand le Canadien l'emporte et n'affichant pas une mine déconfite quand les défaites s'accumulent. De plus, il ne se sent pas du tout obligé de porter le Canadien aux nues en toutes circonstances. « Quel genre de crédibilité on aurait eu si on s'était mis à vanter le Canadien l'an dernier quand ils ont fini 15e ? »

Contrairement à ce que plusieurs pensent dans le grand public, l'embauche de l'unilingue Randy Cunneyworth n'était pas un sujet tabou durant la diffusion des matchs du Canadien à RDS. « On n'a jamais eu de directives de RDS ou de la direction du Canadien nous empêchant de dire ce qu'on en pensait. Le coach du Canadien est à la télé et dans les journaux tous les jours ; il est peut-être le personnage public numéro 1 au Québec. Je peux comprendre que les gens aient été choqués qu'il ne parlât pas français. »

Alain Crête constate une évolution dans l'adulation du public envers le Canadien. Alors que chez les anciens, le Canadien était souvent une obsession, une religion comme on l'a prétendu, la nouvelle génération de partisans ne considère plus les exploits du Canadien comme une question vitale. « Je pense que chez les jeunes, le hockey est devenu un *happening*, ce n'est plus une religion. Ils vont aller au Centre Bell, ça coûte cher et ils vont passer une belle soirée. Ils vont avoir du plaisir. Si le Canadien a gagné, ils vont être contents ; s'il a perdu, ils seront déçus, mais ils ne vont pas traîner ça pendant des semaines. »

Observateur averti du monde des médias, Alain Crête s'attend à ce que les équipes de sport professionnel prennent un virage de plus en plus axé sur le divertissement. Aux États-Unis, on a déjà amorcé cette démarche lors de la classique annuelle du match en plein air du jour de l'An, le réseau américain HBO en produisant un DVD, « En route vers la classique hivernale », une espèce de reportage continu dans les coulisses des deux équipes en présence pour le match le plus regardé de l'année à la télé. « Les gens veulent savoir maintenant ce qui se passe *behind the scene* ; est-ce que le Canadien est prêt à emboîter le pas dans cette direction ? »

En même temps qu'il observe une évolution dans la composition des équipes du Canadien au fil des ans — avec de plus en plus de joueurs européens — il se demande de quoi aura l'air le salon des anciens dans l'avenir. « Les anciens font partie de l'identité de l'équipe ; ils ont toujours été dans son entourage et ils ont eu un rôle à jouer. Qui va être au salon dans cinq ou dix ans ? »

Même s'il est Québécois d'origine et qu'il a vécu l'essor des Nordiques, Alain Crête reconnaît que le Canadien occupe une place privilégiée dans l'histoire du sport national. « Le Canadien fait partie des grands symboles identitaires québécois avec Maurice Richard, Félix Leclerc et René Lévesque. »

René Lecavalier en 1968. Comme le souligne Wikipedia,
« Au Québec, son nom est irrémédiablement associé
à *La Soirée du hockey* à Radio-Canada ».
Photo CP

Chapitre 10

Une nouvelle ère

Si vous demandez à Marc Bergevin comment il s'est retrouvé à la tête du Canadien de Montréal, sa réponse sera pour le moins étonnante. Assis dans son nouveau bureau du Centre Bell, l'ancien joueur devenu directeur général estime qu'il s'agit pour lui de l'aboutissement d'un long cheminement : « C'était mon destin d'être ici. »

D'aussi loin qu'il se souvienne, Bergevin a en effet toujours été un fan du Canadien. Son idole de jeunesse était Guy Lafleur ; quand il était petit, il négociait avec sa mère le samedi soir pour avoir le privilège de rester debout après la deuxième période et voir la fin du match. Le plus souvent, la permission était accordée. « Je me souviens encore de la voix de René Lecavalier. C'est comme si c'était hier pour moi. »

Malgré cette passion pour le Tricolore et une carrière de joueur étalée sur 20 ans, 1100 parties et 8 équipes, Bergevin n'a jamais eu la chance de porter son uniforme préféré. « C'est drôle, mais je ne me suis jamais senti assez bon pour jouer pour le CH, révèle-t-il. J'ai toujours mis cette équipe sur un piédestal. J'allais voir les parades sur Sainte-Catherine quand ils gagnaient la coupe… Je ne pensais pas avoir le talent nécessaire pour endosser ce chandail. »

Au cours de sa carrière, il a tout de même joué à maintes et maintes reprises au Forum de Montréal. À chaque fois, il se sentait privilégié. « Ça a toujours été spécial pour moi de jouer ici. Le sentiment n'a jamais changé au cours de ma carrière. »

Après sa retraite de la compétition, Bergevin s'est vite taillé une place dans l'organigramme de sa dernière équipe, les Blackhawks de Chicago. Là-bas, il a touché à tout : il a fait du dépistage, a travaillé avec les joueurs amateurs, a voyagé aux États-Unis, en Europe, partout au Canada, est devenu assistant au directeur général. Il a, comme il le dit avec modestie, « fait ses classes ». Cette expérience a été grandement formatrice : il faut dire que les Blackhawks ont connu une longue traversée du désert avant d'accéder aux plus grands honneurs.

« On a traversé toutes les étapes. Nous étions au fin fond du classement au départ. On a bâti un noyau solide autour de nos jeunes et l'équipe s'est mise à progresser, jusqu'à ce qu'on gagne la coupe Stanley. J'ai vu comment se construisait une équipe gagnante. »

Rien n'arrive pour rien, comme on dit, et c'est notamment cette expérience avec une équipe en reconstruction qui a attiré l'œil de Serge Savard et Geoff Molson lorsqu'est venu le temps de choisir un nouveau DG pour succéder à Pierre Gauthier. Comme le Canadien a connu l'une des pires saisons de son histoire et que les filiales sont bourrées de jeunes talents, le nom de Marc Bergevin — associé à l'éclosion de joueurs comme Jonathan Toews, Dustin Byfuglien et Patrick Kane — est naturellement sorti du lot.

Lorsque vient le temps de choisir les candidats qui seront convoqués en entrevue, Molson et Savard se rencontrent à New York.

Rapidement, les deux hommes établissent une courte liste de candidats. Ils tiennent des entrevues d'embauche. Le deuxième homme qu'ils rencontrent est Marc Bergevin.

Pour Molson et Savard, c'est le coup de foudre immédiat.

Il faut dire que Bergevin s'était très bien préparé et avait fait ses devoirs. Il est arrivé à la réunion avec un plan bien précis sur la suite des choses pour le CH, autant sur la glace que pour les gens qu'il voulait engager pour l'épauler. « Il a été très impressionnant », décrit Savard.

« Il a été le deuxième à nous rencontrer, se souvient le propriétaire. Après l'entrevue, nous sommes allés souper Serge et moi. On s'est dit : "'OK, il en reste plusieurs à voir, mais au moins, on sait qu'on a un très, très bon candidat entre les mains.'" »

« Il est vraiment sorti du groupe, ajoute Savard. Après cette première rencontre, j'étais pas mal certain de notre choix. »

Molson ne tarit pas d'éloges pour son nouveau directeur général quand on lui en donne l'occasion. « C'est quelqu'un avec des valeurs très profondes qui ne prend pas de décision sans en parler à son équipe et qui n'a aucun ego démesuré. Son style de gestion est en synergie avec le mien. C'est un homme de consensus qui veut gagner de la bonne façon, un homme très respecté à travers la ligue. C'était un risque de l'embaucher, puisqu'il n'avait jamais été DG avant, mais je n'ai pas hésité. »

Serge Savard pointe aussi un autre avantage non négligeable : Marc Bergevin est un Montréalais tout à fait bilingue. « Si un candidat ne parlait pas français, on l'excluait avant même que ça commence », tranche le Sénateur.

De son côté, le candidat sait qu'il a bien fait. Il attribue cette bonne performance en entrevue au fait qu'il y a été sincère et qu'il est arrivé bien préparé.

« C'est sûr que j'étais nerveux, admet-il. Mais après cinq minutes, je me sentais déjà très bien. L'entrevue portait sur des choses que je connaissais. J'étais prêt à répondre à n'importe quelle question. Alors quand je suis sorti de là, je me suis dit que j'avais fait ce que j'avais à faire. Je leur avais donné ma vision, et s'ils la trouvaient bonne, ils allaient me recontacter. J'ai été moi-même tout au long du processus. »

Il faut croire que Molson et Savard ont été ravis par cette attitude, puisqu'ils ont rapidement convenu qu'ils avaient trouvé en lui l'homme qu'ils cherchaient.

Tout de suite après la deuxième rencontre, Geoff Molson offre ainsi à Marc Bergevin le poste de directeur général de son club. Celui-ci accepte sur-le-champ, et le travail de reconstruction se met en branle.

L'une des décisions les plus importantes pour le nouveau directeur général est bien entendu le choix de l'entraîneur-chef. Il est rapidement établi que Randy Cunneyworth ne sera pas de retour à la barre de l'équipe. Rien contre l'homme, qui demeure quelqu'un de respecté, mais la controverse de la saison précédente et les piètres performances du club achèvent de convaincre le DG de passer à autre chose.

Après un certain temps, Bergevin annonce le retour de Michel Therrien au poste d'entraîneur-chef.

Or, puisque Bergevin est une recrue dans le rôle de DG, une question s'impose : Geoff Molson et Serge Savard lui ont-ils donné carte blanche dans le choix de son nouvel entraîneur-chef, ou lui ont-ils fortement suggéré, comme certains journalistes l'ont déclaré, de choisir Therrien ?

À ce sujet, Molson répond : « C'était son processus. Il a fait des entrevues avec des *coachs* potentiels, Rick Dudley aussi. Moi, j'ai posé des questions après. Je ne l'ai forcé à rien. Je lui ai plutôt posé des questions qui l'ont aidé à prendre sa décision. Serge et moi, on l'a aidé, mais à la fin de la journée, c'était sa décision. »

Quant à Serge Savard, il se fait tout aussi diplomate : « J'ai parlé du nouvel entraîneur à Marc, et oui, je lui ai donné mon opinion sur certaines choses. Mais je ne lui ai pas dit d'engager telle ou telle personne. »

Marc Bergevin, de son côté, est absolument catégorique. Lui qui est d'ordinaire très calme et sage dans ses réponses lève légèrement la voix quand on lui soumet l'hypothèse que Therrien n'était pas son premier choix. « C'était mon choix, dit-il en donnant un petit coup sur la table devant lui. J'avais plusieurs candidats en tête et j'y suis allé par élimination. Mais je vais être absolument clair : à la fin de la journée, mon choix a été Michel Therrien. C'est moi qui l'ai amené ici, et personne d'autre.»

Bergevin dit qu'au-delà de ses qualités d'entraîneur, Therrien a l'avantage de connaître à fond le public montréalais. «Le fait qu'il ait travaillé pendant un an dans les médias, à RDS, est important. Les journalistes sont nombreux à Montréal et il faut comprendre leur importance. Il avait cet avantage.» Cela dit, le nouveau DG jure ne pas lui-même porter attention à ce qui se raconte dans les différents médias. «Honnêtement, je n'écoute aucun média, affirme-t-il. Moi, j'ai une vision de ce que j'ai à faire et je dois prendre des décisions. Je ne peux pas écouter ce que tout le monde a à dire.»

Naturellement, Bergevin dit aussi que l'aspect francophone était crucial. «C'est important pour l'entraîneur de pouvoir s'adresser aux amateurs dans les deux langues», dit-il.

Ne serait-ce que pour cela, on sait que le CH entre dans une nouvelle ère.

***

Michel Therrien est connu des amateurs de hockey pour deux choses : son atroce veston jaune moutarde et son style de *coaching* très direct, discipliné. Il n'a jamais fait dans la dentelle et les joueurs qu'il dirige savent que pour lui, l'éthique de travail est quelque chose de primordial. «Jouer au hockey, ce n'est pas être dans l'armée, mais il faut avoir une certaine discipline de vie.»

Ancien joueur ayant passé le plus clair de sa carrière sur les glaces de la Ligue américaine, Michel Therrien travaille depuis longtemps à son objectif ultime : gagner la coupe Stanley. Il est d'ailleurs passé à deux petits matchs d'y parvenir lorsqu'il était à la barre des Penguins. On se le rappellera, il avait perdu son emploi l'année suivante, peu avant que son équipe ne prenne sa revanche sur les Red Wings de Détroit et remporte le championnat.

Le chemin de Therrien en tant qu'entraîneur-chef dans la LNH a commencé avec le Canadien lorsqu'Alain Vigneault a été congédié. « J'avais des sentiments mitigés à l'époque, se rappelle-t-il. Alain était mon ami, et c'était étrange de prendre sa place comme ça. Ça s'est fait super vite : on m'a appelé pendant la nuit et j'ai sauté dans ma voiture. À 7 heures du matin, je suis arrivé à Montréal et j'ai tout de suite commencé à travailler. »

En deux ans et demi à la barre du club, Therrien a vécu des moments mémorables. On se souviendra qu'il est parvenu à éliminer les Bruins de Boston, pourtant largement favoris, en première ronde des séries en 2002. Parmi les épisodes moins glorieux, il y a bien sûr cette fameuse pénalité de banc que lui a décernée l'arbitre Kerry Fraser dans le quatrième match des demi-finales contre les Hurricanes.

Ces épisodes ont permis à Therrien de bien mesurer l'attachement énorme des fans envers l'équipe. Il savait déjà que les Québécois voyaient dans les Canadiens plus qu'une équipe de hockey. Après tout, son propre père était présent lors de l'émeute du Forum en 1955 après la suspension de Maurice Richard. Mais les réactions enflammées des partisans après chaque partie n'ont jamais cessé de le surprendre. « Ça vient de notre sang latin, dit-il à l'instar de Geoff Molson. Je trouve important de garder cette flamme-là allumée. C'est sûr que la dernière saison n'a pas aidé, mais ça arrive à toutes les équipes. »

Therrien parle en connaissance de cause puisque, on l'a vu, il a passé la dernière année à analyser les performances de l'équipe aux côtés des journalistes de RDS et de leurs auditeurs. Il est d'ailleurs d'accord pour dire que ce passage de l'autre côté de la clôture l'aidera à mieux gérer son équipe et la pression qui vient avec un tel poste. « Avoir connu le marché de Montréal en tant que coach et commentateur fait qu'aujourd'hui, je ne suis pas nerveux du tout. Au contraire, je suis excité en *tabaslak* ! Je suis très confiant pour la suite des choses. »

Naturellement, l'expérience acquise durant la dernière décennie dans les autres organisations lui sera aussi fort utile. Therrien dit qu'il a toujours eu comme philosophie d'apprendre de ses erreurs. « Autant dans nos vies personnelles que professionnelles, nous en commettons tous. Mais l'expérience, c'est ce qui fait que tu deviens une meilleure personne. Le hockey n'est pas différent de la vie à ce niveau. »

Même les moments les plus sombres sont à ses yeux une occasion d'apprentissage. La fin abrupte de son premier séjour avec le CH, par exemple, lui a permis de gagner en maturité. « Je n'avais jamais été congédié avant. Je ne l'ai jamais vu venir, et je pense que c'est comme ça pour la plupart des entraîneurs qui perdent leur emploi. Tout le monde est un *fighter*, dans ce milieu. On a toujours des solutions nouvelles à proposer, on est des battants. Malgré tout, l'expérience acquise à Montréal est indescriptible pour moi. »

S'il se dit prêt à reprendre le collier, Therrien a les pieds sur terre. Quand on lui demande s'il vise la coupe Stanley, il répond que c'est une prédiction impossible à formuler. « Il y a tellement d'impondérables… À Pittsburgh, nous avions un plan en cinq ans et on s'est rendu en finale en deux saisons. Ce que je peux garantir, c'est qu'on va se battre pour avoir une place dans les séries. Et rendu là, tout peut arriver. »

***

L'un des premiers gestes de Bergevin à son entrée en poste a été de signer un contrat avec Francis Bouillon, le petit défenseur fougueux qui a tant plu aux amateurs montréalais à ses deux premiers passages avec le club. Michel Therrien a d'ailleurs quelque chose à voir avec ce retour, s'il faut en croire le joueur. « Je pense qu'il a beaucoup poussé pour me ramener avec l'équipe. Quand j'ai rencontré Marc Bergevin, il m'a dit que Michel lui devait une bonne bouteille de vin à cause de moi !»

À 37 ans, Bouillon déborde d'enthousiasme par rapport à ce retour.

«J'ai dû me battre toute ma carrière pour me faire une place, rappelle-t-il avec une pointe de fierté dans la voix. Chaque fois que j'atteignais un nouvel échelon, il y avait quelqu'un pour me dire que je plafonnerais. J'en ai tellement connu, des gars talentueux dans le junior qui se pognaient le beigne ! Moi, à cause de ma petite taille, il a fallu que je travaille très fort à tous les instants. Même quand je suis arrivé à Montréal la première année, il a fallu que je vole le poste d'un autre défenseur...»

À ce sujet, les plus fidèles partisans se rappelleront comment le précédent séjour de Bouillon s'est terminé. L'anecdote illustre bien à quel point la combativité du défenseur est exceptionnelle.

C'était en 2009 et le Canadien tirait de l'arrière 0-2 en première ronde des séries contre Boston. Bouillon était blessé à l'aine et à l'abdomen et n'avait pas joué avec le club depuis le mois de février. Après le deuxième match, Bob Gainey a passé un appel au défenseur pour lui dire que l'équipe avait «besoin de son courage». «Les médecins disaient que je pouvais jouer, alors j'ai pris la décision de revenir au jeu le lendemain. Certains ont dit que Bob avait manqué de respect envers moi, mais non, c'était vraiment ma décision. À mon premier *shift*, je suis allé me planter dans la face de Milan Lucic. J'étais déchaîné. Mais je me suis reblessé. Très vite, j'ai senti la déchirure s'empirer. Ça a été une grande erreur puisque ça aurait pu mettre fin à ma carrière.»

L'affront est venu après la fin des séries, lorsque Bob Gainey lui a annoncé qu'il ne lui offrirait pas de nouveau contrat malgré ses efforts. «Je pensais que les gens étaient plus sensibles à ce genre de choses, mais non : j'ai vraiment compris que le hockey était une business. J'avais pourtant le CH tatoué sur le cœur, comme on dit, et j'allais à la guerre chaque soir pour mes coéquipiers. Ça a été la plus grande déception de ma carrière. »

L'énergique défenseur affirme toutefois ne pas en vouloir à personne et garder malgré tout la tête froide par rapport à ces événements. Il se dit extrêmement heureux de pouvoir boucler la boucle correctement avec son retour, qu'il doit à Michel Therrien.

« C'est lui qui m'a appelé, révèle-t-il. Je me doutais un peu qu'il était intéressé, parce qu'il m'a longtemps coaché et on s'appréciait beaucoup. Mais je regardais leur alignement et je voyais qu'il y avait beaucoup de jeunes défenseurs. Finalement, on m'a fait une offre dès le premier jour et j'ai dit oui tout de suite, même si deux autres équipes s'étaient montrées intéressées. »

Comment expliquer ce désir de revenir à Montréal alors que plusieurs joueurs québécois ont carrément refusé d'y mettre les pieds ces dernières années ? Bouillon répond que la pression médiatique ne lui fait pas peur du tout, puisqu'il a dû la gérer dès sa saison comme recrue. « J'aime le contact avec les gens, j'aime les rencontrer et leur parler, dit-il avec sincérité. Je ne peux pas parler pour les autres, mais ils n'ont sûrement pas envie de se faire achaler s'ils connaissent une mauvaise passe. Peut-être que c'est différent pour moi, parce que je ne suis pas une supervedette qui a la pression de marquer 50 buts. Cela dit, je peux comprendre que ce n'est pas tout le monde qui est à l'aise avec l'engouement des amateurs de Montréal. »

On le sent, Bouillon est véritablement fier d'être revenu parmi les siens. Il a d'ailleurs un bon mot pour tout le monde dans l'organisation, notamment envers Serge Savard. « C'est un homme intimidant, de bonne stature, que je respecte beaucoup. C'est comme Jean Béliveau. Je les apprécie non pas seulement pour leurs performances sur la glace, mais pour ce qu'ils sont, comme hommes. »

Sur ses coéquipiers et son entraîneur, Bouillon croit que la maturité acquise ces dernières années sera un avantage net pour l'équipe. « Michel a beaucoup évolué en tant qu'entraîneur.

Je suis persuadé qu'il ne refera pas les mêmes erreurs que dans le passé. Même chose pour Carey Price, qui a une maturité exceptionnelle. Ce n'est pas le genre de gardien à blâmer ses défenseurs après un but. J'ai aussi bien hâte de jouer avec PK Subban, de qui j'ai discuté avec Hal Gill quand il est arrivé à Nashville. On me dit qu'il aime l'attention…»

Malgré tout cela, Bouillon a une opinion moins tranchée que plusieurs par rapport au fait français dans l'équipe. Bien qu'il comprenne l'importance du Tricolore pour les Québécois, il n'est pas aussi catégorique que plusieurs d'entre eux. «C'est certain que si un Québécois francophone compétent est disponible, je vais le prendre. Mais sinon, je vais prendre le meilleur homme disponible, peu importe sa langue. Jamais je ne voudrais faire jouer un Québécois du calibre de la Ligue américaine juste parce qu'il vient d'ici. Pour moi, la langue n'est pas la priorité absolue dans la liste de critères. Mais je comprends très bien que ce soit préférable d'avoir un francophone à la barre de l'équipe.»

***

Maintenant qu'il est bien en selle et qu'il a rapatrié des gars comme Bouillon et Therrien, Marc Bergevin peut commencer à façonner le club à son image. Déjà, ses premiers gestes ont été de s'entourer d'une nouvelle équipe très solide constituée en majorité de vétérans. Parmi ceux qu'il a repêchés, on note Martin Lapointe, Donald Audette et Jean-Jacques Daigneault. Rick Dudley, qui jouit d'une excellente réputation, est aussi à ses côtés.

Contrairement à Pierre Gauthier, qui avait la réputation de faire flotter une aura de mystère sur sa stratégie, Marc Bergevin est plutôt limpide quand on lui demande celle qu'il compte mettre en place. Il ne se berce pas d'illusions : il a hérité d'une équipe ayant fini au tout dernier rang de son association et non pas d'une puissance de la Ligue nationale. N'empêche que, pour avoir vécu une situation similaire à

Chicago, le dirigeant sait qu'il suffit de faire les bons choix pour «faire tourner la roue», comme il le dit.

«Je veux gagner à long terme, commence-t-il par dire. Si je regarde ce qui s'est passé à Chicago, il a fallu manger notre pain noir longtemps avant d'avoir du succès. Il y a un prix à payer: tu ne peux pas gagner la coupe toutes les années, la roue va finir par tourner. Le plus important, c'est de bien choisir tes jeunes joueurs. Il faut revenir à la base: bien repêcher et bien accompagner le développement des recrues. Quand ils sont prêts, tu les fais monter et tu bâtis un noyau autour de ça.»

Le DG affirme aussi qu'il est extrêmement difficile de frapper des coups de circuit au moyen d'échanges et de signature d'agents libres. «Quand j'entends dire qu'il faudrait échanger tel joueur contre celui-ci ou celui-là, ça me fait rire. Les 29 autres directeurs généraux ne sont pas des niaiseux! Avec tous les dépisteurs qu'ils ont, c'est à peu près impossible de passer un sapin à une autre équipe. C'est encore plus vrai aujourd'hui. D'où l'importance d'un bon repêchage.»

On le voit, cette philosophie s'éloigne beaucoup de celle préconisée ces dernières années. Plusieurs commentateurs ont en effet reproché au tandem Gainey-Gauthier de chercher à *patcher* les trous plutôt que de bâtir à long terme. On peut penser à l'échange envoyant Jaroslav Spacek en Caroline en retour de Thomas Kaberle ou à la signature de Chris Campoli, par exemple.

Quoi qu'il en soit, Bergevin répète un mantra déjà connu quand vient le temps de discuter de la représentation francophone dans le vestiaire de son équipe. Pour lui, «à talent égal, on va choisir le Québécois». Mais il ne faut pas rêver en couleur: il n'est pas aisé aujourd'hui pour un club de la LNH de mettre en uniforme un nombre défini de joueurs maîtrisant le français. «On peut s'asseoir et regarder le bilan des 29 autres équipes, et on verra qu'elles ont toutes échappé des joueurs francophones de talent au repêchage. C'est facile de regarder en arrière et d'analyser après coup. Mais bon, on va faire de gros efforts. C'est justement pour ça que j'ai engagé Donald Audette. Il connaît très bien le caractère des jeunes joueurs québécois. Je reviens justement d'une tournée de clubs juniors. On est allé à Chicoutimi, à Québec… C'est sûr qu'on va dorénavant regarder les joueurs d'ici de plus près que les autres clubs.»

À l'instar de son entraîneur-chef, Bergevin n'ose pas s'avancer sur la date d'une possible nouvelle conquête de la coupe Stanley par le Canadien. Il n'a pas peur de dire les choses telles qu'elles le sont: «Combien de temps ça va prendre, je ne peux pas te le dire, affirme-t-il. On a fini 15e dans l'Est l'an dernier, et 28e dans la ligue. On va se comprendre, il y a du chemin à faire.»

Dans une ligue où presque la moitié des équipes ne sont pas invitées à participer au grand bal du printemps, le principal objectif en saison régulière reste de terminer parmi les huit premiers de sa conférence. N'est-ce pas une cible trop basse pour une organisation aussi prestigieuse que le Canadien? Encore là, le DG ne tombe pas dans le piège de l'émotivité. Son franc-parler à ce sujet est remarquable.

«Une fois en séries, tout est possible. Je peux te nommer un paquet de clubs qui ont terminé en première position de leur conférence et qui se sont fait sortir en première ronde. À l'inverse, une équipe qualifiée de justesse peut se rendre loin. L'année de notre coupe à Chicago, on a affronté Philadelphie en finale. Pourtant, ils avaient réussi à atteindre les séries en gagnant en fusillade dans le dernier match de la saison!»

«Mon but principal, ajoute-t-il après un moment de réflexion, c'est d'améliorer l'équipe. Il y a beaucoup de bons jeunes dans cette organisation, mais il faut bien les encadrer. Là-dessus, il y a beaucoup de travail à faire.»

Bergevin a les deux pieds bien ancrés dans le réel. C'est peut-être pour cela qu'il plaît tant aux amateurs et aux journalistes: il communique ouvertement ses pensées et n'a pas peur d'exprimer ses opinions, à être transparent, même s'il doit sortir des clichés habituels pour le faire.

Personne ne sait combien de temps durera cette lune de miel entre le nouveau DG et les partisans. Bergevin affirme déjà ressentir la passion hors-norme des partisans montréalais. Leur amour du Canadien est inébranlable. « Ailleurs, les gens ne s'intéressent pas au hockey quand la saison se termine, rappelle le DG. Ici, c'est plus qu'une culture, c'est une religion. Je le constate de façon flagrante depuis que je suis en poste. »

Comment gérer cette pression ? « Peu importe l'équipe, le poste de directeur général est un emploi exigeant. C'est sûr qu'il y a la pression des médias et des partisans à Montréal, mais en elle-même, la job est la même. On me parle de la pression, mais moi, je ne la ressens pas parce que je sais ce que j'ai à faire. Ce n'est pas quelque chose qui va m'étouffer. »

Comme il l'a dit, son destin était d'être ici. Il a enfin obtenu le poste qu'il convoitait tant depuis sa retraite en tant que joueur.

À lui, maintenant, de nous montrer de quel bois il se chauffe.

Gilles Tremblay en compagnie de son commentateur et collègue, le regretté Richard Garneau.
Photo courtoisie de Gilles Tremblay.

Témoignages

Comme beaucoup de Québécois, je suis fier de dire que mon attachement aux Canadiens de Montréal est inscrit dans mes gènes... Dès l'enfance, mes frères et moi avons été initiés par mon père aux exploits des Maurice Richard, Toe Blake et autres grandes vedettes. J'avoue avoir une certaine nostalgie du hockey des années 40 à 70... Il y avait moins de clubs, et plus de fidélité entre les joueurs et leur équipe. Il me semble que c'était plus facile de les connaître et de demeurer des partisans inconditionnels.

Plus tard, je n'ai guère eu le loisir de suivre les matchs de près, mais je n'ai jamais cessé de m'intéresser aux performances de «la sainte flanelle». Les circonstances de la vie m'ont même conduit à me lier d'amitié avec quelques-uns des joueurs ou des vétérans : comme quoi le métier d'archevêque peut aussi avoir sa part de consolations !

Jean-Claude Cardinal Turcotte,
archevêque émérite de Montréal

À l'école primaire, nous étions tous fanatiques du Club de hockey Canadien. Sans exagérer, il constituait notre seconde valeur après l'Église catholique, hautement dominante ces années-là.

Cette équipe était déjà un symbole national même avant les événements déterminants que Maurice Richard allait vivre. Quant à lui, il était dans mon village un héros encore plus qu'ailleurs, car toute sa population, comme Maurice, était d'origine acadienne. Il venait nous voir d'ailleurs fidèlement chaque année pour notre humble festival. Vous imaginez la scène !

Comme nous chantions chaque matin la main sur le cœur l'*Ô Canada*, cela consolidait notre attachement aux Canadiens. Sauf que dans notre âme et nos cœurs ce mot voulait déjà dire Québécois. Il était déjà clair que « près du fleuve géant » n'avait rien à voir avec le Mackenzie ou le Fraser. Quelle équivoque ! Quel tort nous fit cette confusion identitaire. Nous sommes maintenant tous Québécois, mais il est toujours de bon aloi d'aimer les « Canadiens ».

Bernard Landry,
ancien premier ministre du Québec

« Le but du Canadien compté par le numéro 10… Guy Lafleur… »

Cette phrase résonnait dans ma tête lorsque je donnais mes premiers coups de patin en décembre sur l'étang du rang qui venait à peine de geler… une glace pure et dangereuse, mais peu importe, je devenais Guy Lafleur…

C'était ça, le Canadien, à cette époque… une équipe, des joueurs, des idoles qui nous faisaient rêver à peut-être porter un jour le chandail bleu blanc rouge.

Un peu plus tard, on aura droit à la patinoire municipale du village avec de vrais filets et même deux lignes bleues… dès mon retour de l'école, je chaussais mes patins à la maison, marchais jusqu'au parc sur mes lames rouillées et chaque jour, Guy Lafleur marquait quelques buts avec son lancer frappé… je me rapproche de mon rêve… le Canadien.

À 11 ans, je me présente dans un camp d'essai pour le pee-wee de Sainte-Agathe de la ligue intercité… mon coup de patin et mes cheveux blonds réussissent à convaincre l'instructeur, et je participe à mon premier match organisé contre Saint-Jérôme ; on me donne le chandail n° 10. Et à son premier match, Guy Lafleur marque deux buts.

Tout mon hockey mineur se passera à Sainte-Agathe et à 16 ans, je suis repêché par les Draveurs de Trois-Rivières… un pas de plus et le Forum sera mon prochain rendez-vous. Quelques semaines plus tard, le réveil est brutal. Une vilaine blessure mettra fin à la carrière de Guy Lafleur.

Le Canadien… c'est le rêve, la passion, l'amour du jeu, le modèle, l'inspiration et même aujourd'hui, si j'ai laissé de côté mes vieux patins, ce désir de réussir reste présent parce qu'il y a un Guy Lafleur qui dort en moi..

Merci, Guy Lafleur.

Merci, le Canadien de Montréal…

Alain Choquette,
magicien

Le CH

Je n'ai pas encore trois ans. Je suis assis sur le coin de la table de la cuisine. Ma mère est en train de faire un gâteau. Et moi, je suis en train de lui faire un dessin. Sur une grande feuille blanche. J'ai un crayon Prismacolor bleu dans une main. Et un crayon Prismacolor rouge dans l'autre. La langue sortie, je m'applique. Je dessine le sigle du Canadien.

Je trace le C. Je trace le H. Ce sont les deux premières lettres que j'ai apprises. Ça me prendra bien du temps avant que je sache toutes les autres ! Mais je m'en fous. Pour l'instant, il n'y a que deux lettres qui comptent. Le C et le H. Je remplis le C de rouge. Je remplis le H de bleu. Et je regarde mon dessin. Je le trouve beau. Pour moi, c'est le plus beau dessin que l'on puisse faire. Le sigle du Canadien.

Même s'il est un peu tout croche, je le trouve beau comme celui qu'il y a sur le chandail que j'ai reçu à Noël. Beau comme celui qu'il y a sur la photo de Jean Béliveau au-dessus de mon lit. Beau comme celui qu'il y a sur ma tuque que je mets quand mon frère m'amène jouer dehors. Je prends mon dessin. Je vais le donner à ma mère. Elle le regarde. Toute contente. Elle me dit qu'il est superbe.

Ça doit être le centième dessin de sigle du Canadien que je lui donne. Et à chaque fois, elle s'ébahit. Au fond d'elle-même, elle doit avoir hâte que je dessine autre chose. Un arbre, un chien, une maison, n'importe quoi. Mais elle ne me le montre pas. Elle est fine. Les psychologues disent que les enfants heureux dessinent des soleils. Moi, je pense que les enfants très heureux dessinent des sigles du Canadien.

Aujourd'hui encore, quand je parle au téléphone et que j'ai un crayon dans les mains, je dessine le sigle du Canadien. Il y en a qui font des bonshommes, des cœurs ou des étoiles. Moi, mon étoile c'est le sigle du Canadien.

Ce n'est même pas réfléchi. C'est inconscient. C'est un réflexe. C'est en moi.

Parce que voyez-vous, ce CH-là, c'est pas juste le symbole d'un club de hockey. C'est le symbole de quelque chose d'heureux. De simple. Le symbole de l'enfance. Du jeu, des héros et du *fun*.

J'ai joué des milliers de parties dans la ruelle en me prenant pour un joueur du Canadien.

J'ai passé tous les samedis de ma jeunesse assis à côté de mon père à attendre que le Canadien compte un but. Pour crier. Pour être content.

J'ai gravé dans ma mémoire à jamais ma première visite au Forum. Et cette lumière blanche qui réfléchissait sur la glace donnant au décor l'effet d'un rêve.

Je me suis couché pour la première fois après minuit, la fois où Jean Béliveau a compté un but en supplémentaire contre Gerry Cheevers.

De 5 ans à 15 ans, j'ai ouvert des milliers de paquets de cartes de hockey, en n'espérant qu'une chose, qu'il y ait dedans un joueur du Canadien.

J'ai séché mes cours au Collège de Montréal pour assister aux défilés de la coupe Stanley. Et ça ne me faisait rien d'être en retenue après.

J'ai passé une semaine à essayer d'avoir la ligne aux Amateurs de sport parce que je voulais dire qu'on aurait dû repêcher Denis Savard.

Je suis allé voir des films français avec Isabelle Huppert, des spectacles de Richard Cocciante, des pièces de théâtre à La Licorne, pour qu'en échange, mes blondes acceptent de regarder les matchs des Canadiens des séries.

J'ai eu beaucoup de plaisir à m'engueuler avec mon chum qui prenait pour les Nordiques.

J'ai fait la vague, dans mon salon, en 93.

Mon père et moi, on ne se parlait pas beaucoup, mais quand on se parlait, c'était du Canadien.

J'ai failli ne plus prendre pour le Canadien quand Guy Carbonneau a été échangé. Mais je n'ai pas été capable.

J'ai applaudi Maurice Richard à tout rompre, même si je ne l'ai jamais vu jouer parce que mes oncles m'ont dit que c'était le meilleur.

Et maintenant, si parfois, j'ai l'air de m'en balancer, il suffit que le Canadien en gagne deux d'affilée, pour que la flamme renaisse. Pour que j'y croie encore.

Le Canadien n'appartient pas aux Molson. Il m'appartient à moi. Depuis toujours. Je l'ai reçu de mon père. Qui l'avait reçu du sien. Et je le donnerai à mes enfants. Qui prendront leurs crayons rouge et bleu pour dessiner le sigle du Canadien.

Stéphane Laporte,
chroniqueur à *La Presse*

Le hockey des Canadiens de Montréal était toujours le sport favori des Montréalais anglophones, dominé par les joueurs étoiles francophones dans les années 1930-1980. Comme Montréalais, comme joueur et président du Club de football Alouettes de Montréal dans les années 70 et les années dans le nouveau millénaire, j'ai eu le plaisir de travailler dans la communauté avec mes idoles de jeunesse : Henri Richard, Jean Béliveau et Guy Lafleur, Larry Robinson et Yvon Lambert. Nous avons eu une rivalité amicale pendant les années 70 quand j'ai dit à Larry, Guy et Yvon que « c'était incroyable de jouer dans cinq finales de la coupe Grey ». Yvon, avec un sourire, m'a répondu « C'était incroyable de gagner cinq coupes Stanley pendant la même période ! »

Larry Smith,
ancien PDG des Alouettes de Montréal

Mon père a été pendant plus de 25 ans la voix du Canadien de Montréal, non seulement la voix, mais aussi un ambassadeur hors pair pour le club de hockey Canadien et la brasserie Molson du Québec.

La visite annuelle à Sainte-Justine durant la période des Fêtes, la collecte de sang, les tournées estivales de balle-molle du CH, le tournoi de golf annuel, les anciens Canadiens sont tous des projets que mon père a mis sur pied et qui existent encore aujourd'hui, sauf peut-être les tournées de balle-molle.

Il a été de tous les grands événements au Forum de Montréal : la série 72, les coupes Canada, les matchs d'étoiles, l'annonceur pour le 500e de Jean Béliveau, les grandes fêtes au centre de la glace (le retour et l'hommage à Maurice Richard, les célébrités du 75e, du 100e, le retour de Guy Lafleur…) et plus encore.

Pendant 25 ans, de 1968 à 1993, le Canadien était sa vie… Il n'a pas compté de buts, il n'a pas *coaché*, il n'a pas présidé le CH, mais il a fait aimer le CH à toute une population. Il a représenté cette organisation d'un bout à l'autre du Canada et un peu partout à travers le monde. Je trouve dommage que cette organisation n'ait jamais souligné d'une façon significative sa contribution.

Pierre Mouton,
fils de Claude Mouton

Pourtant, c'est une firme totalement privée. Théoriquement, à part les actionnaires et propriétaires, personne ne devrait y mettre son nez. Mais, l'amour, la passion et le profond attachement à cette équipe de hockey, et ce depuis plus de cent ans, rabroue tous les principes d'entreprise. Un simple changement de couleur dans ce sigle magique pourrait entraîner des débats plus endiablés qu'une campagne électorale. Médiatiquement, une victoire significative des Canadiens passe en avant de l'adoption d'une nouvelle loi. Une transaction supplante un remaniement ministériel. Et je me demande ce qui pourrait reléguer au second rang une conquête de la coupe Stanley au lendemain du match décisif.

Peu d'hommes publics sont aussi scrutés, analysés et jugés que l'instructeur. Peu de vedettes, tous domaines confondus, sont aussi adorées qu'un joueur dominant de l'équipe. Aucun événement de l'histoire de Montréal n'aura fait salle comble aussi souvent, avec autant de régularité.

Cette équipe, son histoire, ses héros, ses légendes, encore aujourd'hui et probablement pour toujours, sont intrinsèquement coulés dans la mémoire collective de Montréal, du Québec. Il est phénoménal de constater le nombre de gens qui identifient mieux les époques de leur propre vie en référant à des joueurs, des victoires ou des moments plus difficiles de leur équipe chérie.

Les joueurs de hockey de toutes les époques de la NHL sont unanimes. Affronter les Canadiens à Montréal, c'est d'abord confronter leur public, leurs partisans qui, soir après soir, créent une ambiance unique.

Oui, Montréal est une ville de sport, mais bien avant tout, la Cité des Canadiens. C'est un immense monument vivant.

Mon travail d'animateur à la télévision m'a donc permis de vivre plus de 22 ans dans les coulisses de l'histoire de Montréal. Ce fut un privilège et, plus je vieillis, plus je réalise l'incroyable chance qui m'a été offerte de développer une proximité et, dans bien des cas, une belle amitié avec ces hommes qui ont porté le Flambeau.

Curieusement, je ne suis pas un partisan religieux de l'équipe. Je l'aime lorsqu'elle est composée à mon goût et quand elle joue dans les règles de l'art dont elle a elle-même établi les normes.

Toutefois, je lui voue un immense respect, une indéniable admiration pour l'empreinte émouvante qu'elle a su si merveilleusement imposer dans deux grandes communautés que j'adore.

Celle de Montréal et celle du hockey mondial.

Michel Beaudry,
ex-animateur télé

D'abord, je dois dire que je ne suis pas un fan du CH. Pour bien en saisir la raison, laissez-moi vous ramener à mon enfance. Un samedi soir typique dans une petite maison de Tétreaultville, rue Baldwin. Il neige dehors. J'ai huit ans. Je monte nonchalamment l'escalier vers ma chambre à coucher au son de la voix mélodieuse de René Lecavalier au micro de *La Soirée du hockey*. Pour mieux entendre ce qu'il décrit, je redescends sur la pointe des pieds, mon oreiller sous le bras, et me couche sur le plancher. À chaque « Il lance et compte » de Béliveau, Duff ou Provost, mon père échappe son juron favori : Flûte ! Ben oui, flûte ! Même si j'avais envie de prendre pour le CH, je devais me ranger du côté de papa ; c'est ainsi que j'ai développé mon éternelle aversion pour les Glorieux.

Si je mets de côté mes petites allégeances, je ne peux m'empêcher de reconnaître la grandeur, la magie et l'éclat de cette équipe brillante. Après avoir devancé les Maroons dans le cœur et l'esprit des Montréalais pour ensuite remporter d'innombrables coupes Stanley, l'équipe la plus victorieuse de l'histoire du hockey est devenue l'une des organisations les plus admirées et respectées, tous sports confondus. J'ai eu la bonne fortune de pouvoir jouer avec certains des grands noms du CH et j'ai pu constater de près ce que ça veut dire d'avoir été un membre de cette équipe, qu'il s'agisse de Richard, Lafleur, Shutt et tant d'autres. Leur fierté et leur jubilation s'accompagnent d'une dignité sereine, celle d'être conscients d'avoir fait partie des meilleurs.

Carl Marotte,
alias Pierre Lambert

Je ne suis pas un Québécois pure laine, mais je suis un Canadien pure laine. Je suis né au Maroc. Juif marocain. En 1966, nous immigrons au Canada. J'ai six ans. J'en suis déjà à mon troisième pays. Je suis différent des autres. Mon teint est plus foncé, mon accent surtout est pointu et mes références culturelles et sportives sont inexistantes ici. Sauf que mes parents vont faire un choix qui marquera le reste de ma vie. Ils choisissent d'habiter un quartier de Montréal où nous serons entourés de Québécois de souche. Ce qui me forcera rapidement à m'adapter et à faire comme mes nouveaux amis, jouer au hockey dans la ruelle. Que de beaux souvenirs ! Mais c'est quand j'ai commencé à regarder le Canadien à la télévision le samedi soir que je suis devenu un Québécois. Du moins dans mon cœur. Un jour, mon père décide de nous amener à un match du Canadien au Forum, ma mère, mon jeune frère et moi. Mon premier. Fin des années 60. Je ne me souviens pas très bien de ce match, mais je n'oublierai jamais ce qui arriva après le match. Nous étions dans le métro pour rentrer à la maison. Des jeunes voyous nous harcelaient dans le wagon. Celui-ci était presque vide. Claude Béchard, le juge de ligne, qui avait travaillé lors de ce match et qui était aussi dans le même wagon que nous, était venu nous défendre et il avait réussi à éloigner les jeunes. Mais il avait fait encore plus. Il m'avait remis une rondelle du Canadien de Montréal. Je devenais de plus en plus Québécois... C'est quand Guy Lafleur est arrivé avec le Canadien que mon cœur a été marqué au fer rouge du logo du CH. J'ai 10 ans. Ma première idole. Jamais plus, après lui, une vedette sportive ne me fera vibrer autant. Jamais. Et à travers Guy Lafleur, j'étais devenu le plus grand partisan du Canadien. Pour la vie. Pour le meilleur et pour le pire... Pour être un Québécois de souche, tu dois être né ici. Je n'avais pas besoin d'être né dans notre Belle province pour être amoureux du CH. Je n'avais besoin que d'un cœur d'enfant. C'est universel. Merci Claude Béchard. Merci papa. Merci Guy Lafleur. Surtout merci à tous les joueurs du

Canadien qui ont fait vibrer des jeunes et des moins jeunes depuis plus de cent ans. *Go Habs Go!*

Éric Hoziel,
comédien

Depuis quand le CH ? Depuis toujours. Début des années '50, la télévision, invention technologique révolutionnaire, amène le CH dans le salon familial, où plutôt dans la cuisine, pièce de la maison où se retrouvait, dans la plupart des familles, la fascinante boîte brune avec écran. Et le CH entra dans nos vies !

Vers 21 h d'abord, ensuite après la première période, puis à 20 h 30, et finalement à 20 h. En noir et blanc, mais je me souviens très bien que je « voyais » le bleu, le blanc et le rouge.

Le CH, c'était Jean Béliveau, mon idole de toujours, celui par qui j'ai découvert le hockey ; Maurice Richard, guerrier et symbole ; Geoffrion, Plante, en fin de compte tous ceux qui portaient le chandail. Sur la patinoire extérieure ou dans la rue, où j'ai disputé tant de matches « offensifs », le no 4 m'était réservé.

Chacun portait le chandail de son héros. Chacun voulait jouer comme lui. Avant de m'endormir, ce que j'en ai marqué des buts procurant la coupe Stanley au CH, contre Toronto, Détroit, Boston, des buts tous décrits par René Lecavalier !

Ah, héros de mon enfance et de mon adolescence ! Se souvenir de tous ceux-là qui non seulement ont porté le flambeau, mais en ont allumé la flamme.

Pierre Trudel, ex-animateur,
Les amateurs de sports, CKAC

Les Canadiens de Montréal.

J'étais alors très petit.

Les soirs de hockey, je me couchais dans mon lit de préado et j'écoutais à la radio la description des matchs par Michel Normandin. Dans ma tête, des images heureuses et parfois tragiques de Blake, Lach, Richard, défilaient telles des questions de vie ou de mort. Bien malgré moi vers le début de la troisième période après « La ligue du Vieux Poêle », je m'endormais. Le lendemain matin au déjeuner, la voix fébrile et inquiète, je demandais à mon père la troublante question : « Canadien a tu gagné ? » Mon avenir était suspendu à ses lèvres et un oui signifiait que j'allais être heureux pour le reste de mes jours.

Le lundi matin, sur le chemin qui me ramenait à l'école, je m'imaginais jouer aux côtés du Rocket et j'étais prêt à soulever et transporter, du camion de Molson jusqu'à l'entrepôt de chez Steinberg ou Dominion, des tonnes de caisses de bière pendant la saison morte pour me tenir en forme physique. Idolâtrie naïve et inconditionnelle.

Plus tard en 1970, j'ai composé ma chanson-hommage à Maurice Richard et j'ai eu le privilège de le rencontrer à plusieurs reprises. Il était un homme honnête, direct et de peu de mots. Tout passait dans ses yeux : « Kenny Mosdell, ben défensif ; Dollard Saint-Laurent, pas mal travaillant ».

Sa femme un jour m'a raconté que vers la fin de sa vie par les dimanches après-midi, il l'emmenait faire un tour d'auto et que souvent, il lui demandait : « Chante-moi ma chanson préférée. »

Amoureuse, souriante, elle faisait :
« Quand sur une passe de Butch Bouchard
I'prenait l'puck derrière ses goals
On aurait dit qu'il portait le sort
De tout le Québec sur ses épaules
Maurice Richard c'est pour toi que je chante »
Y a-t-il un traducteur dans la chambre des joueurs du CH, édition 2012 ?

Pierre Létourneau,
auteur-compositeur-interprète